人工智能时代
管理会计的发展与探索

丁艳琼　谭可心　涂霜霜◎著

图书在版编目（CIP）数据

人工智能时代管理会计的发展与探索 / 丁艳琼，谭可心，涂霜霜著 . -- 北京：中国书籍出版社，2023. 12
ISBN 978-7-5068-9634-4

Ⅰ. ①人… Ⅱ. ①丁… ②谭… ③涂… Ⅲ. ①管理会计-研究 Ⅳ. ①F234. 3

中国国家版本馆 CIP 数据核字（2023）第 212863 号

人工智能时代管理会计的发展与探索
丁艳琼　谭可心　涂霜霜　著

图书策划　邹　浩
责任编辑　邹　浩
责任印制　孙马飞　马　芝
封面设计　博健文化
出版发行　中国书籍出版社
地　　址　北京市丰台区三路居路 97 号（邮编：100073）
电　　话　（010）52257143（总编室）　（010）52257140（发行部）
电子邮箱　eo@ chinabp. com. cn
经　　销　全国新华书店
印　　厂　北京四海锦诚印刷技术有限公司
开　　本　710 毫米×1000 毫米　1/16
印　　张　11
字　　数　219 千字
版　　次　2024 年 1 月第 1 版
印　　次　2024 年 1 月第 1 次印刷
书　　号　ISBN 978-7-5068-9634-4
定　　价　68. 00 元

前　言

在当今快速发展的数字化时代，人工智能技术的崛起正深刻地影响着企业的全方位发展。在这个充满活力的时代，企业发展正在与人工智能技术高度融合，企业内部管理，管理会计转型等方面正在发生着前所未有的变革。

基于此，本书以“人工智能时代管理会计的发展与探索”为题，首先阐释管理会计的基本概念与原理、历史与发展、管理会计与财务会计的区别、管理会计人员的行为规范；其次，讨论战略管理的方法和工具、战略管理的应用实践、人工智能在战略管理中的应用；再次，探究预算管理的工具和方法、预算管理的应用实践、人工智能在预算管理中的应用；然后，对成本管理的方法和工具、成本管理的应用实践、人工智能在成本管理中的应用；接着，研讨经营决策管理的方法和工具、经营决策管理的应用实践、人工智能在经营决策管理中的应用；接下来，对绩效考评管理的方法和工具、绩效考评管理的应用实践、人工智能在绩效考评管理中的应用进行展开讨论；最后，对管理会计的智能化转型和未来发展方向进行展望。

本书从多个角度切入主题，详略得当，作者写作力争做到结构布局合理、严谨，语言准确，在有限的篇幅内尽可能做到研究内容系统简明、概念清晰准确、文字通顺简练，形成一个完整的、循序渐进、便于阅读与研究的文章体系。

本书的撰写得到了许多专家学者的帮助和指导，在此表示诚挚的谢意。由于笔者水平有限，加之时间仓促，书中难免有疏漏与不够严谨之处，希望各位读者多提宝贵意见，以待进一步修改，使之更加完善。

目　录

第一章　管理会计的基本概述 …… 1

第一节　管理会计的基本概念与原理 …… 1

第二节　管理会计的历史与发展 …… 9

第三节　管理会计与财务会计的区别 …… 16

第四节　管理会计人员的行为规范 …… 18

第二章　战略管理的方法和应用 …… 21

第一节　战略管理的方法和工具 …… 21

第二节　战略管理的应用实践 …… 32

第三节　人工智能在战略管理中的应用 …… 43

第三章　预算管理的方法和应用 …… 46

第一节　预算管理的工具和方法 …… 46

第二节　预算管理的应用实践 …… 56

第三节　人工智能在预算管理中的应用 …… 68

第四章　成本管理的方法和应用 …… 80

第一节　成本管理的方法和工具 …… 80

第二节　成本管理的应用实践 …… 88

第三节　人工智能在成本管理中的应用 …… 94

第五章　经营决策管理的方法和应用 …… 99

第一节　经营决策管理的方法和工具 …… 99

第二节　经营决策管理的应用实践 ······ 108
第三节　人工智能在经营决策管理中的应用 ······ 124

第六章　绩效考评管理的方法和应用 ······ 126

第一节　绩效考评管理的方法和工具 ······ 126
第二节　绩效考评管理的应用实践 ······ 135
第三节　人工智能在绩效考评管理中的应用 ······ 142

第七章　管理会计的发展趋势 ······ 146

第一节　管理会计的智能化转型 ······ 146
第二节　管理会计的未来和方向 ······ 160

参考文献 ······ 168

第一章 管理会计的基本概述

第一节 管理会计的基本概念与原理

一、管理会计的理论基础

管理会计的形成和发展不仅是会计理论与实践不断丰富和发展的结果，也是与之相关的现代管理科学不断丰富和发展的结果。管理会计作为一门新兴的会计学科，其产生和发展必然离不开基本的会计理论；作为一门综合的会计学科，它又同现代管理理论密不可分。

（一）管理理论基础

管理会计因科学管理的产生而萌芽，伴随科学管理的发展而发展，这就决定了它具有管理学属性，相关管理理论也就成为现代管理会计的理论基础。

1. *科学管理理论*

（1）科学管理理论的理论基础。科学管理理论倡导对劳动者的作业动作和时间进行研究，并用精确的调查研究和科学知识来代替个人的单纯经验，由此提高劳动生产率，“其主要思想是通过科学的方式，将管理工作科学化、标准化，以提高生产效率、降低成本，实现生产力的最大化。”①

（2）科学管理理论的基本内容。

第一，进行工时和动作研究，制订合理的工作定额，完善科学的操作方法，以提高工作效率。

第二，科学选择工人，培训工人使用标准的操作方法。

第三，标准化管理，要求操作方法，使用的工具、机器和材料及作业环境标准化。

第四，实行有差别的计件工资制，对于按照标准操作方法在规定的时间内定额完成工

---

①周方．科学管理理论对国有企业人力资源管理的启示［J］．企业改革与管理，2023（10）：39.

作的工人，按较高的工资率计算工资，否则按较低的工资率计算工资。

第五，分离并明确管理职能和作业职能。管理职能人员负责研究、计划、调查、控制以及对操作者进行指导，逐步发展成管理的专业队伍。

（3）科学管理理论对管理会计的主要影响。

第一，标准成本制度的萌芽。科学管理在动态研究的基础上确定标准时间和标准工资，并据以实际执行，从而出现了标准人工成本的概念。此概念进一步推广运用于材料和费用管理，就形成了管理会计中成本控制的一种重要方法——标准成本制度。

第二，日常控制和管理。传统会计通常采用对“已经发生了的经济活动”进行定期报告的方式，主要侧重于事后分析。科学管理认为事中管理更为重要，要求每日提供与成本相关的业务报告，并与事前制定的标准相比较，进行差异分析，据以实施日常控制。这是会计发展史上的一个重要里程碑，是管理会计区别于财务会计的重要特征之一。

2. 组织行为学理论

（1）组织行为学理论的原理。组织行为学是专门研究人类行为的客观规律的学科。它运用心理学、社会学、人类学、政治学和管理学等多门学科的研究成果和基本理论，探索如何根据人类行为的规律来构建企业组织结构，调整企业组织内部人与人之间的关系，引导和激励人们充分发挥其积极性、主动性，创造性，最大限度地利用企业人力资源提高经济效益。

（2）组织行为学理论的主要观点。

第一，人是企业最关键的资源。人是社会人，其需求是多层次的，既有生理需要，也有心理需要；既有物质需要，也有精神需要。

第二，人的需要引发了人的动机，人的动机产生了人的行为，人的行为决定了目标的实现。

第三，企业中有正式组织，也有非正式组织。非正式组织是人们自发组成的“小团体”，对劳动生产率的提高具有重要影响。

第四，领导方式和行为极大地影响着员工士气。只有赋予人们一定的自主权，才能调动其积极性、主动性和创造性。

（3）组织行为学理论对管理会计的主要影响。

第一，激励机制的运用。激励机制促使人们由被动地提高劳动效率转变为积极、主动地提高劳动效率。由于人的行为是由动机决定的，而人的动机又是由人的需要所引发的，因此，通过分析了解人们的具体需要，将其转化为目标激励因素，可以激发人的动机，引导人的行为。但是人类需求的多层次性，决定了目标激励因素的多元性。在物质需求基本得到满足的前提下，物质奖励便会失去其对行为的激励引导作用，此时应该运用更高层次的心理和精神需求作为激励因素，以激发新的行为动机。因此，管理会计就需要研究特定时期、特定企业的激励因素，并将其与企业目标相联结，以促使企业目标的顺利实现。

第二，领导方式的选择。领导方式主要有命令式和参与式两种，具体为：①命令式即高度集权，下属只能被动地接受上级下达的命令；②参与式即适度分权，下属能够在其职权范围内参与管理。人的精神需求中往往都存在自我实现的需要，领导的信任和重视，适度的分权可以在一定程度上满足人们的这种需要，从而能够更好地激发人们的主动性和创造性。但是，权利的下放必须适当，不能导致失控和失调。拥有一定权利就必须承担一定责任，以形成约束机制。不同的领导方式决定了不同的企业组织形式，管理会计的内部报告系统必须与其服务对象的组织结构相适应，才能有效地为该组织的内部管理提供信息服务。

第三，责任会计的建立。责任会计是组织行为学运用于管理会计的最重要的成果。它根据分权的思想划分责任中心，根据激励和约束的要求编制责任预算，并在此基础上进行责任核算和考评。

根据组织行为学理论，管理会计在建立责任会计制度时，应该注意两点：①划分责任中心，既要考虑责权范围，还要考虑非正式组织的作用，尽可能尊重非正式组织，由其组成作业小组，以增强凝聚力，从而促进劳动生产率的全面提高；②责任预算在责任会计中具有明确目标、控制依据，考评标准等职能作用，它对人们的行为有积极的影响，表现为通过责任预算明确和规范员工的行为，有利于实施有效控制并充分调动员工积极性，使预算目标的实现更有保证。

在建立责任会计、编制责任预算的过程中，要善于运用组织行为学，正确引导人的行为，尽量避免其消极影响，发挥其积极作用。例如，在发展和完善标准成本制度、预算控制等方法的同时，将原有成本控制中的理想标准成本调整成现行可以达到的标准成本，并根据预算期内可预见的不同业务量水平编制弹性预算，可以使管理会计的规划、控制工作更加具有可行性。

（二）会计理论基础

会计理论的框架内容并没有统一的定论。一个常见的框架将会计理论划分为三个层次：第一层次涵盖了会计的基本理论，包括会计假设、目标、原则、职能和对象；第二层次是在基本理论指导下的扩展，包括会计信息质量、要素确认和计量原则等；第三层次则包含了会计要素的确认、计量、记录和财务报告。另一种框架也将会计理论分为三个层次：第一层次包括假设、定义和目标；第二层次涉及会计原则；第三层次涵盖会计程序。

另外，还有一种定义将会计理论视为基本假设、定义、原则和概念，这些内容被用来指导政策制定以及财务信息的呈现，而关于这些基本假设、定义、原则和概念的具体内涵则一直是当前和未来讨论的焦点。总的来说，这些不同的定义在一定程度上是相互吻合的。

会计理论的作用是解释、预测会计事项和行为并指导会计实践活动，即说明已观察到的现象存在的理由，预测尚未观察或出现的未来现象的条件和原因，指导会计行为主体做出最优决策。管理会计仍属于会计活动范畴，基本的会计理论不仅适用于管理会计，也是管理会计得以形成和发展的重要依据。

第一，管理会计同样需要会计假设。管理会计的基本假设是指为实现管理会计目标，合理界定管理会计工作的时空范围，统一管理会计的工作程序和方法，组织管理会计工作的不可缺少的一系列前提条件的统称。由于管理会计是现代企业会计的分支，现代企业会计的某些基本假设在管理会计中依然成立，但根据现代管理会计的本质和职能特征，应该赋予它们新的内涵，如管理会计的多重主体假设、持续经营假设和会计分期假设。

第二，管理会计要遵循一系列基本原则。管理会计原则是指在明确管理会计基本假设的基础上，在特定的时期内进行管理会计工作时应当遵循一定的标准和规范，即对管理会计工作质量（尤其对所提供信息的质量）提出的具体要求。虽然财务会计的服务对象是企业外部利益相关者，而管理会计的服务对象是内部管理人员，但站在信息使用者的角度看，财务会计和管理会计对信息质量的要求是相似的。例如，管理会计仍要遵守相关性、可靠性，及时性和一致性等会计信息质量要求。

二、管理会计的原理

（一）管理会计的概念及属性

按照现代汉语词典的解释，所谓本质，即实质，是指事物本身所固有的，决定事物性质、面貌和发展的根本属性。管理会计本质则是管理会计区别于其他理论的根本属性，回答了管理会计是什么的问题。

1. 管理会计的概念

对管理会计的概念界定必然会涉及管理会计的适用范围。1981 年，美国管理会计实务委员会认为，管理会计是向管理当局提供用于企业内部计划、评价、控制，以及确保企业资源的合理使用和经管责任的履行所需财务信息的确认、计量、归集、分析、编报、解释和传递的过程，并指出，管理会计同样适用于非营利的机关团体。此概念首次将管理会计的活动领域扩展到了事业单位。1982 年，英国成本与管理会计师协会认为，除外部审计以外的所有会计分支（包括簿记系统、资金筹措、编制财务计划与预算、实施财务控制、财务会计和成本会计等）均属于管理会计的范畴。应该说，此概念的空间范围最为宽泛。2005 年美国管理会计师协会修订的《管理会计公告》以及 2014 年英、美联合成立的 CGMA 组织推出的《全球管理会计原则》，都将管理会计的适用范围界定为企业及行政事业单位，我国财政部于 2016 年颁布的《管理会计基本指引》也明确了此观点。

自管理会计产生至学科诞生，管理会计的研究一直以企业为核心，实际上管理会计的许多内容也适用于事业单位。同时，考虑到管理会计的根本属性，认为管理会计是指采用科学的方法，通过核算、预测、决策、规划、控制、评价、报告等日常管理行为，服务于单位（包括企业和行政事业单位）的内部管理，为管理当局的正确决策提供参考依据的一个会计分支。需要强调的是，虽然概念针对企事业单位，但研究以企业为主，事业单位可以结合实际变通应用。

2. 管理会计的根本属性

从字面意义理解，管理会计就是管理与会计的直接结合，但从本质上看，管理会计是利用会计信息系统为加强内部管理而服务。界定管理会计的根本属性，可以从以下两个方面进行解释：

（1）管理会计属于企业管理的一个组成部分。在管理会计的发展过程中，管理理论一直起着推波助澜的作用，原因在于，管理会计实质是企业管理的一个组成部分，当企业管理理论发展时，自然会对其相关组成部分产生影响，并促使其发展。所谓企业管理，是指对企业的生产经营活动进行组织、计划、指挥、监督和调节等一系列职能的总称。此概念的内涵十分丰富，它涵盖了企业中的所有职能部门，作为会计部门组成部分的管理会计自然也成了企业管理的一个组成部分。

（2）管理会计是会计信息系统的一个子系统。如果将会计理解为信息系统，则作为会计分支之一的管理会计就是会计信息系统的一个子系统，它与财务会计的最显著区别是，提供内部报告而不是外部报告。

（二）管理会计的特点及职能

1. 管理会计的特点

管理会计的特征反映管理会计本身所具有的特点，其主要特点如下：

（1）以成本为基础。可以说成本是管理会计的基础，离开了成本，管理会计将成为无源之水，不能生存。加强企业内部管理，必须以成本为基点，从不同角度对成本进行分类，并采用科学的方法进行成本核算，从而利用这些信息资料为管理会计其他职能的作用发挥提供依据。

（2）侧重于日常经营管理。总体来看，管理会计的工作属于常规性的工作，日常围绕着预算及内部报告而展开。通过预算的编制及执行，促使企业各个环节有机结合并协调发展；通过内部报告的编制，及时向上级反馈信息，从而加强企业的内部管理。

（3）面向未来。管理会计产生至今，规划未来是其重心和关键所在。一个企业要正确筹划，依赖于对未来的可靠预测、决策以及合理的预算编制。没有正确的事前规划，企业就不可能很好地发展。控制从表面上看是事后行为，实际上，随着时代的发展，事前控制远远超过事后控制。因此，总体来看，管理会计面向未来的特征非常明显。

2. 管理会计的职能

管理会计的职能说明管理会计的功能及作用。很多学者从企业管理与管理会计之间的关系来界定管理会计的职能，认为既然管理会计是企业管理的一个组成部分，管理会计的职能必然会受到企业管理职能的约束。由于企业管理具有预测、决策、规划、控制和考核评价这五项职能，由此推演出管理会计也具有这五项职能。深入分析这种界定侧重于管理会计的企业管理属性，忽视了管理会计的信息系统功能。事实上，界定管理会计的职能必须立足于管理会计的根本属性，管理会计所具有的企业管理属性及信息系统属性二者不能偏废，失去哪一个，管理会计的内容体系都不会完整。结合管理会计的两个根本属性，管理会计具有以下主要职能：

（1）核算内部成本。管理会计自产生之日起就与成本会计存在着天然的血缘关系，它以成本核算为基础。20 世纪初期变动成本法诞生，20 世纪中后期作业成本法诞生。从发展来看，变动成本法只能用于内部成本核算，而作业成本法已纳入我国产品成本核算制度体系，其产品成本信息既可以对内，也可以作为对外披露信息的依据。如果企业要加强内部管理，这两种方法都可以采用，二者可以结合应用。

（2）参与经营决策。决策关乎企业的生存与发展，但管理会计人员不是真正的决策者，管理会计通过核算与分析为企业高层的正确决策提供正确的信息，从而起到参谋的作用。经营决策主要是指生产决策和定价决策等，管理会计人员可以参与其中，并为最终优选方案的确定提供信息。

（3）预测经济指标。管理会计的预测职能主要表现为对未来经济指标的预测，如预测销售量、销售收入、成本、利润等。这些指标的预测需要采用科学的方法，并与其他部门积极配合，只有这样预测的结果才能接近实际。

（4）编制全面预算。计划与预算是两个不同的概念，预算是计划的一个组成部分，是对计划的定量说明。管理会计具有规划未来之功能，这种功能通过编制年度全面预算予以体现。全面预算需要将事先确定的目标指标进行层层分解并落实到各责任单位的预算中，它是各责任单位未来年度的努力方向，也是各责任单位执行过程中的主要控制标准。

（5）控制经营成本。管理会计的原始雏形包括标准成本、预算、差异分析等，这些方法体现的是执行过程中的控制原理，直到目前仍被采用。随着社会的进步，新的控制方法也相继出现。控制是管理会计的一个重要职能，无论采用何种方法进行控制，一般的控制原理不会改变，应结合应用新的控制方法，实务中不仅要控制生产成本，也要控制非生产成本。

（6）评价责任单位业绩。业绩评价是通过建立综合评价指标体系对评价对象的业绩优劣做出评价的一种分析，包括企业的业绩评价和内部责任单位的业绩评价。管理会计侧重于内部管理，关注企业的内部各责任单位，因此进行的评价属于内部责任单位的业绩评价，采用的方法常常是西方的责任会计。

（7）编制内部报告。管理会计的信息系统功能主要表现为两项职能：一是进行内部成本核算；二是编制内部报告。这两项职能是管理会计不可缺少的两个必要职能。内部报告不同于外部报告，管理会计涉及的内部报告因工作环节的不同而存在不同种类的内部报告，其报告形式灵活多样，没有统一固定的格式。

（三）管理会计的内容及目标

1. 管理会计的内容

界定管理会计的基本内容，人们常常将其与企业管理的主要职能和会计相结合，将其界定为决策会计和执行会计两方面。这种界定过于宽泛和笼统，可能会将一些不属于管理会计的内容统统纳入其范畴。事实上，管理会计仅仅是企业管理的一个组成部分，有其特定的范畴。就内容而言，应该涵盖管理会计的全部职能，内部报告具有独特性，不同职能下的形式不同，内部报告会贯穿其他各项职能。界定管理会计的内容，应与其本质、职能相适应。管理会计的内容包括管理基础与报告、内部成本核算与报告、规划与报告、控制与报告四个方面，具体如下：

（1）管理基础与报告。作为基础应该贯穿管理会计各项内容始终，它是研究管理会计其他各项内容的基础。而具有此特征的只能是成本性态分析。成本性态分析将企业所有的成本采用一定的方法区分为变动成本和固定成本两部分，从而为企业加强内部管理奠定基础。

（2）内部成本核算与报告。外部成本服务于外部投资者，对其进行核算必须符合公认会计准则的要求；而内部成本服务于企业的内部管理，它可以与准则相结合，也可以不受准则的限制。如果仅从核算产品成本角度而言，主要涉及的内容有变动成本法和作业成本法。不同方法下编制的内部报告是不同的，变动成本法主要围绕内部利润报告而编制，作业成本法则以作业为核心，围绕作业成本和产品成本而编制。

（3）规划与报告。规划与决策、预测职能关联，其结果会纳入全面预算，规划的具体内容包括战略规划、经营决策、经营指标预测、全面预算等，与其相联系的内部报告形式不同。战略规划报告建立在战略分析的基础上；经营决策报告围绕着生产决策和定价决策的结果做出；经营指标预测报告反映一定期间主要经济指标的预测结果；全面预算报告是对各项具体预算编制内容的详尽定量说明。全面预算管理方法将规划和控制职能有机结合，是提升企业管理水平必须采用的一种方法。

（4）控制与报告。控制不是孤立进行的，它是一个过程，包括事前控制、事中控制和事后控制。其起点是战略控制、设计控制及标准制定，终点是内部业绩评价，其间涉及的具体内容包括战略成本控制、标准成本控制、作业控制、全面质量控制、责任会计等。与此相适应的内部报告形式主要有盈利分析报告、成本差异分析报告、质量成本报告、责任报告等。

2. 管理会计的目标

管理会计目标规范着管理会计的努力方向，其目标包括终极目标和具体目标。从终极目标来看，应与企业目标保持一致。因为管理会计属于企业管理的一个重要组成部分，理应服务于企业整体，不能脱离企业目标而独立存在。企业价值最大化是近年来公认的企业目标，因此管理会计的终极目标是不断提升企业价值，实现企业价值最大化。

从管理会计的具体目标来看，应该体现其学科特色，对其界定不能脱离管理会计的本质和职能，应以管理会计本质为基点，以管理会计的职能为核心，明确管理会计的工作方向。基于此，管理会计的具体目标是合理规划与控制，为管理当局提供与决策相关的内部信息。管理会计的目标是通过运用管理会计工具方法，参与单位规划、决策、控制、评价活动并为之提供有用信息，推动单位实现战略规划。

三、管理会计的对象

关于管理会计的对象，我国学者存在较大争议，最主要的有以下三种观点：

（一）价值差量论

价值差量论认为，管理会计的对象是价值差量，这主要是因为价值差量作为一种研究方法贯穿管理会计的始终，比如成本性态分析与变动成本计算、盈亏临界点与本量利分析、经营决策分析、成本控制、责任中心业绩评价等。另外，管理会计研究的价值差量问题具有很强的综合性，既有价值差量，又包括实物差量和劳动差量；后者是前者的基础、前者是后者的表现。与此同时，价值差量论认为现金流量不能作为管理会计的对象，因为并不是所有的管理会计活动都会涉及现金流量，因此，现金流量不能贯穿管理会计的始终。

（二）资金总运动论

资金总运动论认为，管理会计的对象是企业及其所属各级机构过去、现在和未来的资金总运动。这主要是因为管理会计和财务会计同属于会计范畴、应当有共同的研究对象，即资金运动。所不同的是，管理会计的对象涵盖了所有时空的资金运动，而财务会计的对象仅包括过去的资金运动。另外，把资金总运动作为管理会计的对象、与管理会计的实践及历史发展也是相吻合的。

（三）现金流量论

现金流量论认为，管理会计的对象是企业的现金流量。这主要是因为现金流量贯穿管理会计的始终，是对管理会计内容的集中和概括，它在预测、决策、预算、控制、考核、评价等各个环节发挥着积极的作用。同时，现金流量具有很强的综合性和敏感性，通过现金流量的动态分析，可以把企业生产经营过程中的资金、成本、利润等各个方面全面系统地反映出来，为改善企业的经营管理、提高企业的经济效益提供重要的、相关的信息。

第二节　管理会计的历史与发展

一、20 世纪西方管理会计的历史与发展

“管理会计在企业的财务管理起着不可或缺的作用。管理会计是企业运行业务管理、财务管理最有效的工具。在发展管理会计理念中，价值创造和维护是其中较为重要的两个基本点。它为企业的经济带来巨大效益，一个企业的正常运行，就需要管理会计对资料进行加工，整理和分析。有效地掌控日常企业活动开销，使企业的经济正常运转，并改善经营管理，提高效益服务。”① 自从会计学科产生“同源分流”之后，管理会计得到迅速的发展。20 世纪管理会计的发展历程大致可以分为四个阶段。

---

①刘玉明．管理会计发展的历史演进［J］．中国集体经济，2020（01）：149.

（一）追求效率的时代

20 世纪管理会计的发展源于 1911 年西方管理理论中古典学派的代表人物——爱德华·伯内特·泰勒（以下简称泰勒）出版了著名的《科学管理原理》一书。伴随着泰勒科学管理理论在实践中的广泛应用，“标准成本”“预算控制”和“差异分析”等与泰勒的科学管理直接相联系的技术方法开始被引进到管理会计中来。

与此同时，会计学术界也开始涉及与管理会计有关问题的研究。从 1918 年开始，C·G·哈里森（以下简称哈里森）一直致力于标准成本的研究，先后发表了《有助于生产的成本会计》《新工业时代的成本会计》和《成本会计的科学基础》等文章。1919 年创立的美国全国成本会计师协会有力地推动了标准成本计算的发展。到 20 年代，标准成本已经十分普及，并有了很大发展。1930 年，哈里森还把他对标准成本计算的研究成果写成了《标准成本》一书。1920 年，美国芝加哥大学首先开设了“管理会计”讲座，主持人詹姆斯·麦金西（以下简称麦金西）被誉为美国管理会计的创始人。1921 年 6 月，美国国会颁布了《预算与会计法》，对当时的私营企业推行预算控制产生了极大的影响。为了全面介绍预算控制的理论，麦金西于 1922 年出版了美国第一部系统论述预算控制的著作《预算控制论》。同年，H·W·奎因坦斯出版了《管理会计：财务管理入门》一书，第一次提出了“管理会计”这个名称。1924 年，麦金西又公开刊印了世界上第一部以“管理会计”命名的著作《管理会计》。同时，布利斯所写的一部管理会计方面的著作《通过会计进行经营管理》也问世了。美国会计史学界认为，上述几部著作的出版，标志着管理会计初步具有统一的理论。

以标准成本、预算控制和差异分析为主要内容的管理会计，其基本点是在企业的战略、方向等重大问题已经确定的前提下，协助企业解决在执行过程中如何提高生产效率和生产经营效果的问题。尽管如此，企业管理的全局、企业与外部关系等有关问题还没有在管理会计体系中得到应有的反映。这个时期的管理会计追求的是“效率”，它强调的是把事情做好。

（二）追求效益的时代

从 20 世纪 50 年代开始，西方国家进入了所谓战后期。这时的西方国家经济发展出现许多新的特点。面对突如其来的新形势，战前曾风靡一时的“科学管理学说”就显得非常被动，其重局部、轻整体的根本性缺陷暴露无遗，并不能与之相适应。正是由于泰勒科学管理学说的根本缺陷，不能适应战后西方经济发展的新形势和要求，它被现代管理科学所取代，也就成为历史的必然。现代管理科学的形成和发展，对管理会计的发展，在理论上起着奠基和指导作用，并赋予现代化的管理方法和技术，使其面貌焕然一新。在50年代，为了有效地实行内部控制，美国各大企业普遍建立了专门行使控制职能的总会计师制。到1955年，美国会计学会拟定计划，对施行控制最常用的成本概念加以明确。

在1958年的一份研究报告中，又以管理实践中的各种管理会计方法为素材，对其本质意义和使用方法做了说明。该份报告明确指出了管理会计基本方法即标准成本计算、预算管理、盈亏临界点分析、差量分析法、变动预算、边际分析等，由此形成了管理会计方法体系的基础。20世纪60年代，电子计算机和信息科学的发展，产生了“业绩会计”和“决策会计”，从而使管理会计的理论方法体系进一步确定。1962年，安东尼·贝格尔和罗宾·罗素·格林发表的《预算编制和职工行为》，对管理会计的另一个重要内容——行为会计做了精辟的论述。进入70年代之后，又有罗伯特·卡普兰（以下简称卡普兰）的《管理会计和行为科学》、安东尼·格里弗斯·霍普伍德的《会计系统和管理行为》等优秀著作问世。

上述这些著作对管理会计理论方法体系的形成与完善具有一定的意义。到70年代末，美国学术界对于管理会计理论体系的研究达到了高峰，仅以成本（管理）会计命名的专著和教科书就有近百种之多。

这个时期的管理会计追求的是效益，它强调的是首先把事情做对，然后再把事情做好。至此，管理会计形成了以“决策和计划会计”和“执行会计”为主体的管理会计结构体系

（三）管理会计反思时代

进入80年代，由于“信息经济学”和“代理理论”的确立，管理会计又有新的发展。但是，面对世界范围内高新技术蓬勃发展并广泛应用于经济领域，管理会计就显得有些落伍了。在西方管理会计的发展历程中，管理会计的研究存在两大流派，分别为传统学派和创新学派。

传统学派主张从早期的标准成本、预算控制和差异分析的立场出发，一切以成本为中心，重视历史经验的积累，在总结历史经验的基础上加以发展，并就如何提高企业经营管理水平和经济效益提出一些新课题。查尔斯·亨格瑞教授的《管理会计导论》可以算是传统学派的代表作。创新学派主张尽可能采用诸如数学和行为科学等相关学科的理论与方法研究管理会计问题。他们强调全面创新，偏好数学模型，依靠计算机技术解决预测、分析和决策所面临的复杂问题。70年代至80年代初期，传统学派指责创新学派理论脱离实践，复杂的数学模型远离现实世界。创新学派则指责传统学派视野狭隘、观念陈旧、方法落后，难以适应新经济环境的要求。但“管理会计理论与实践脱节”是西方管理会计理论研

究共同关注的问题。

这场纷争促使西方管理会计理论研究进入一个反思期，也改变了卡普兰的观念。进入80年代之后，一贯倡导管理会计研究必须大量引进数学分析方法使之朝着紧密化方向发展著称的创新学派代表人物卡普兰却认为管理会计研究方法必须改弦易辙，主张会计学者必须走出办公室，到实践中去，寻找新的理论与方法。这标志着管理会计进入了一个新的发展阶段——反思期。

早在1984年，卡普兰就指出，对于那些尚未从事会计实务的人而言，有关管理会计实务方法的知识纯粹来源于教科书，而管理会计教科书中的方法与实例有相当一部分内容缺乏系统地观察与实验。特别是一些研究人员依然在追求构建高度复杂却日益偏离实际的数学分析模型。实际上，这些缺乏实践基础而又故弄玄虚的数学模型通常使实务工作者感到扑朔迷离，难以在实践中应用。为此，卡普兰认为没有经过实践检验的会计理论是空洞的理论，没有理论指导的会计实践则通常带有盲目性。在会计科学的发展史上，理论与实践常常是不同步的，经验研究方法为解决这个问题提供了一个有效的途径。

1987年，卡普兰与托马斯·约翰逊（以下简称约翰逊）合作出版了轰动西方会计学界的专著《相关性消失：管理会计的兴衰》。他们认为，近年来的管理会计实践一直没有多大变化。目前的管理会计体系是几十年前研究成果的产物，难以适应新的经济环境。这种早已过时的管理会计体系目前存在很大的危机，管理会计信息失去了决策的相关性。现行的管理会计体系必须进行根本性的变革，才能适应当今科学技术与管理科学发展的新环境。

针对上述观点，西方管理会计学家做出了积极反应。最具有代表性的当属英国伦敦经济学院迈克尔·布拉米奇和阿勒罗·比姆尼合作的调研报告《管理会计：发展而不是革命》。该报告回顾了英国对管理会计实践所开展的各项研究，认为尽管近年来英国管理会计在知识体系和技术方法上没有多大的变化，但是，管理会计实践的性质却发生了重要变化。他们并不认为管理会计目前存在着十分严重的危机，即便存在危机的话，也不像约翰逊和卡普兰说得那么严重。由此，他们也不认为管理会计体系需要革命性的彻底变革，而是应该在现有基础上，通过对管理会计实践经验的研究，特别是通过案例研究逐步摸索出一套能够与实践相结合的理论与方法体系。他们强调这个体系的建立应该是对现有管理会计体系的不断发展与完善，而不是对其做出彻底的否定和根本性的变革。

英国曼彻斯特大学的迈克尔·约翰·琼斯·斯卡彭斯则认为，探讨管理会计理论与实践之间的差距应该从管理会计的理论本身去找原因，不能仅从客观方面找理由或责备实际工作者。就管理会计理论而言，存在两个比较严重的问题：①管理会计的知识体系不能满足决策者的需要；②管理会计理论所依据的某些假设与现实不符。为了解决这两个问题，管理会计研究人员需要重新研究管理会计的理论基础，并深入了解实际情况。这是探讨管理会计理论与实践脱节的原因并寻求缩短两者差距的正确办法。

为此，卡普兰等人致力于管理会计信息相关性的研究，迎来了一个以“作业”为核心的“作业管理会计”时代。从 1988 年到 1990 年，罗宾·库伯和卡普兰连续在《成本管理》杂志发表多篇论述作业成本计算的文章，从而在西方掀起了一场“作业成本计算”研究浪潮。“作业成本计算”和“作业管理”成为西方管理会计教材的“新宠”。与波特提出的“价值链”观念相呼应，管理会计借助“作业管理”，致力于如何为企业“价值链”优化服务。管理会计在 20 世纪 80 年代取得许多引人注目的新研究进展都是围绕管理会计如何为企业“价值链”优化和价值增值提供相关信息而展开的。

纵观 20 世纪 90 年代以前管理会计发展历程，管理会计沿着“效率—效益—价值链优化”的轨迹发展。而这个发展轨迹基本上围绕“价值增值”这个主题而展开。

（四）管理会计主题转变的过渡时代

进入 20 世纪 90 年代，变化是当今世界经济环境的主要特征。基于环境的变化，管理会计信息搜集的任务从管理会计人员转移到了这些信息的使用者，保证了企业能以一种及时的方式搜集相关信息，并据此做出反应。管理会计突破了管理会计师提供信息、管理人员使用信息的旧框架，而由每一个员工直接提供与使用各种信息，由此，管理会计信息提供者与使用者的界限逐渐模糊。当然，管理会计也有助于促进企业适应环境的变化。例如，企业所面临的内外部环境变化导致“作业成本计算”与“作业管理”的产生，而“作业成本计算”与“作业管理”的应用又有助于“企业再造工程”的实施，从而推动企业组织的变革，提高企业的竞争能力。这时，管理会计的主题已经从单纯的价值增值转向企业组织对外部环境变化的适应性上来。因此，20 世纪 90 年代可视为管理会计主题转变的过渡时期。

科学的发展总是渐变式的发展，科学发展的特点之一是继承性。美国密歇根州立大学的一位教授认为管理会计研究正经历一场复兴，有关管理会计研究方面的著作和研讨会不断增加，在由企业发起的研究活动中，学术研究人员起着越来越关键的作用。管理会计研究的主题、理论基础、研究方法和背景都呈现出多元化的格局。与此同时，20 世纪 90 年代西方管理会计理论研究的发展趋势体现在三个研究领域：①管理会计在组织变化中的地位与作用；②管理会计与组织结构之间的共生互动性；③管理会计在决策支持系统中的作用。

平衡计分卡是 20 世纪 90 年代管理会计理论与实践最为重要的研究成果之一，也引起了管理会计理论研究人员和实务工作者的高度重视。平衡计分卡是一种以“因果关系”为纽带，战略、过程、行为与结果一体化财务指标与非财务指标相融合的绩效评价系统。通过财务维度、顾客维度、内部业务流程维度和学习与成长维度全面评价企业的经营绩效。而所有维度的评价都旨在实现企业的一体化战略，是一种体现战略导向的超越财务的绩效评价系统。

（五）管理会计数字化转型时代

进入新的历史时期，随着科技进步和经济全球化的发展，如何准确获取外部信息以及非财务信息，准确把握市场定位，为客户创造价值就显得更加重要了。特别是移动互联网的出现和使用推广，对会计产生了很大冲击。企业原有价值估值方式、会计要素的定义等都不太适应飞速发展的社会现状，需要变更企业的会计计量方法、成本核算方式以及运营管理模式。移动互联网的出现使得各类活动产生了更多联系，实现互利共赢。一方面，互联网设备的使用过程中会记录使用者的行为信息；另一方面，这类数据也能作用于互联网，进一步创造价值。为此，管理会计强调以价值创造为核心，以数字化为手段，发展一系列新的决策工具和管理工具。

二、我国管理会计的历史与发展

人们普遍认为我国到了20世纪70年代末才开始引进西方管理会计。其实新中国成立初期我们便有西方管理会计的“责任会计”，只是当时还不称为“管理会计”。

（一）与国有企业制度相适应的管理会计及特色

在计划经济体制下，国有企业的生产计划是由国家统一确定下达的。从管理会计的角度看，国有企业是一个“成本中心”。既然成本是一个效率指标，成本计划及其完成情况便成为国家考核国有企业完成生产任务的重要手段。此外，在计划经济体制下，企业的产品由国家统一定价。国家以企业的成本为基础确定产品价格，即“产品价格＝产品成本×（1+成本利润率）”，这也就促使国家必须重视企业成本管理制度建设，通过企业成本管理制度确定企业成本项目和成本开支范围；否则，企业成本失控，将导致产品价格失控。国家非常重视以成本为核心的内部责任会计，以期最大限度地降低成本，提高稀缺资源的使用效率。这种以成本为核心的内部责任会计的重视体现在国家颁布的各种成本管理制度上。

这个时期，我国管理会计具有鲜明的特色，主要体现在以下方面：

第一，班组核算。通过班组核算和劳动竞赛相结合，降低成本，提高劳动生产率，取得显著成效。班组核算作为具有中国特色的责任会计，解决了西方责任会计难以解决的问题。

第二，经济活动分析。1953 年我国开始推广“经济活动分析”，班组核算只能反映问题之所在，而要寻找问题之根源，必须借助于经济活动分析。只有将班组核算与经济活动分析相结合，才能达到发现问题、解决问题的目的。“班组核算”和“经济活动分析”可以说是当时我国企业管理会计的两大法宝。“经济活动分析”实际上已经突破了单纯财务评价指标的局限性，强调采用多元化指标评价企业经营活动。60 年代初期，我国大炼钢厂推行的“五好”小指标竞赛早已体现了“平衡计分卡”的精髓。

第三，在成本管理过程中，强调“比、学、赶、帮、超”和“与同行业先进水平比”，其基本思想就是近年来美国很流行的“标杆制度”。此外，还有资金成本归口分级管理、生产费用表、成本管理的群众路线和厂内银行等管理方法都具有鲜明特色。

（二）改革开放之后的管理会计发展

1978 年之后，我国进入了改革开放时期。在企业改革过程中，从利润留成、盈亏包干，到实行企业承包经营责任制，以至进行企业股份制改造和现代企业制度试点，整个改革思路都是沿着对企业放权让利这个中心进行的。其实质是以权利换效率。围绕放权让利展开的企业改革，为生产力的释放和经营者积极性、能动性的发挥提供了契机，也取得了一定的成效。

同时，政府在一定程度上对市场功能进行了培育，市场机制开始产生作用。一批能够适应市场变化并有一定活力的国有企业涌现出来，并把目光转向市场和企业内部，向管理要效益。在建立、完善和深化各种形式的经济责任制的同时，将厂内经济核算制纳入经济责任制，形成以企业内部经济责任制为基础的具有中国特色的责任会计体系。20 世纪 80 年代末，与经济责任制配套，许多企业实行了责任会计、厂内银行，由此，我国责任会计进入一个高潮期。

不过，与我国经济体制改革相适应，90 年代以前的管理会计应用侧重于企业内部，没有明显的市场特征。进入 90 年代后，管理会计在我国企业的应用有所突破，河北邯郸钢铁公司实行的“模拟市场、成本否决”可谓管理会计在我国企业应用的典范。作业成本计算也开始在我国企业得以运用。

21 世纪初至今，我国进入以“互联网+”和“全面推进”为制度特征的管理会计发展新阶段。进入 21 世纪以来，以“互联网+”为代表的创新理念促进了管理会计的发展，不仅使管理会计中的管理控制系统得到提升，而且使嵌入现代移动通信技术的管理会计信息系统也得到快速发展。2014 年开始，我国管理会计进入“全民推进”的制度化建设阶段，预示着中国管理会计的情景具有权变性特征，这一时期的管理会计注重服务平台建设，突出管理控制系统的“个体定制”，强化信息支持系统的“共同认知”和“平台服务”。这一时期的管理会计注重创新驱动，通过分配全球价值链的各种资源，解决产能过剩，以及创造全球贡献价值等贡献力量。

应该看到管理会计不具有强制性，其应用与否以及应用程度如何完全取决于各个企业的内在意愿和要求。在传统的计划经济体制下，外部政策驱动是企业应用管理会计的重要特征。在市场经济环境下，市场竞争的外部压力转化为企业的内部动力是管理会计产生、发展和备受重视的源泉。

三、现代管理会计的发展与启示

从总体上说，20 世纪管理会计的主题基本上围绕着企业价值增值而展开的，它只能揭示企业实现价值增值的结果，难以揭示价值增值的原因以及价值增值能持续多久。在企业的发展过程中，比利润更重要的是市场份额，比市场份额更重要的是竞争优势，比竞争优势更具有深远影响的是企业发展核心能力，企业只有具备核心能力才能持续获得价值增值。因此，21 世纪管理会计的主题应该从企业价值增值转移到核心能力的培植。核心能力对企业组织及其人力资源具有高度的依赖性，21 世纪管理会计“以人为本”，围绕企业核心能力的培植构建其基本框架，是未来管理会计研究的方向。

管理会计具有企业化和行为化特征，不能离开企业组织及其管理活动研究管理会计问题。我国管理会计研究应立足于企业实践，应用多种理论和方法，研究和解决企业实践中的问题，总结企业管理会计实践经验。围绕核心能力的培植，立足中国企业实践，追踪和借鉴国际经验，以实践为基础的研究将成为我国管理会计研究的重要领域和发展方向。

第三节　管理会计与财务会计的区别

管理会计与财务会计是现代企业会计的两大分支，分别服务于企业内部管理的需要和外部决策的需要，两者之间既有联系又有区别。

一、管理会计与财务会计的关联

第一，管理会计与财务会计都是现代企业会计的分支。现代企业会计分为财务会计与管理会计两大分支。两者脱胎于同一母体，共同构成了现代企业会计系统这一有机整体，并相互依存、相互补充、相互促进、共同发展。

第二，管理会计与财务会计分享信息。管理会计所需的多数信息来源于财务会计系统，并对财务会计所提供的信息进行深加工和再利用，因此管理会计的工作质量会受到财务会计信息质量的制约。

第三，管理会计与财务会计的最终目标一致。管理会计与财务会计所处的工作环境相同，都以企业的生产经营活动及其价值表现为对象，为企业的总体发展目标服务。

二、管理会计与财务会计的差异

既然管理会计有必要从传统的财务会计中分离出来，成为独立的学科，那么管理会计与财务会计必然存在不同点。两者的区别主要表现在以下方面：

第一，工作主体不同。财务会计以企业法人为工作主体，所核算和监督的是整个企业的生产经营活动；而管理会计则主要以企业内部不同层次的责任单位为主体，它可以是整个企业，也可以是企业内部的一个部门，甚至可以是某些个人。因此，管理会计更突出以人为中心的行为管理，同时也兼顾企业主体。

第二，服务对象不同。财务会计工作的侧重点在于为企业外部利益的相关主体，如投资者、债权人、税务部门等提供会计信息服务。从这个意义上说，财务会计又称“外部会计”。管理会计作为企业会计的内部会计系统，其工作的侧重点主要是为强化企业内部管理提供各种信息服务。

第三，基本职能不同。财务会计是把已经发生的经济事实真实、准确、及时地记录下来，所履行的是核算、监督企业经营活动状况和财务成果的职能，实质上是属于反映过去的报账型会计。管理会计则履行预测、决策、规划、控制和考核评价的职能，主要属于面向未来的经营管理型会计。

第四，规范程度不同。财务会计工作受到会计准则和会计制度的约束，财务会计信息必须符合会计准则的要求。会计准则和会计制度对财务会计来说具有很大的严肃性和权威性，必须严格遵守。而管理会计工作却没有统一的会计原则和制度的限制与约束，它可以灵活地应用现代管理科学理论作为其指导原则，公认会计原则对管理会计工作几乎不起作用。

第五，工作方法不同。财务会计的方法比较简单，核算时往往只需要运用简单的算术方法。而在管理会计工作中，不仅对不同问题可以选择灵活多样的方法进行分析处理，即使对相同的问题，也可根据需要和功能而采用不同的方法进行处理。在信息处理过程中，管理会计工作经常运用统计方法和数学方法以及一些非量化的定性方法。

第六，工作程序不同。财务会计有一整套比较稳定、规范的工作程序，其工作必须遵循严格的会计循环程序，并且财务会计报告必须定期提供。而管理会计工作的程序性较差，通常没有固定的工作程序，也没有要求定期提供报告。

第四节　管理会计人员的行为规范

管理会计的发展和管理会计在管理中的作用，促进了管理会计职业化的发展。在美国等一些发达国家，管理会计师同注册会计师一样，成为专业化的职业队伍。

管理会计作为企业决策的重要支持者和战略伙伴，其职责不仅仅是提供准确的财务信息，还包括为组织高效管理和战略规划提供有力的支持。然而，由于其在财务信息处理中的敏感角色，管理会计人员的行为必须受到严格的规范，以确保职业操守和组织信任的维护。

一、保持机密性

在现代商业环境中，管理会计人员扮演着收集、处理和分析大量敏感财务数据和商业信息的关键角色。这些数据和信息对于组织的战略决策和业务运营至关重要。在这个角色中，保持机密性原则不仅仅是一项法律和职业要求，更是一种基本的道德责任，涉及整个组织的商业机密和竞争优势。

管理会计人员需要充分认识到他们所处理信息的敏感性和重要性。这些信息可能包括财务报表、预算数据、市场分析、成本结构等等，这些都是对外界竞争对手非常有价值的情报。因此，他们必须切实建立起对保密的敬畏之情，始终将保护组织信息视为自己的首要任务。

为了确保机密性，管理会计人员需要严格遵守以下原则：

第一，限制访问权限。只有经过授权的人员才能访问特定的敏感信息。管理会计人员应确保财务系统和数据存储受到适当的访问控制，以防止未经授权的人员获取敏感数据。

第二，加强数据安全。使用加密技术和其他安全措施来保护数据在传输和存储过程中的安全性。这可以有效防止数据泄露和黑客攻击。

第三，谨慎沟通。在与同事、合作伙伴或客户之间交流时，管理会计人员应特别谨慎，避免在不安全的环境下透露敏感信息。在电子邮件、聊天工具等传统沟通渠道中，他们应避免直接透露具体细节，而是采用模糊的描述或简化的表达。

第四，妥善处理纸质文件。如果存在纸质文件，管理会计人员应妥善保管，确保文件不会落入未经授权的人员手中。在不再需要文件时，应进行安全销毁，以防止信息外泄。

第五，教育和培训。组织应定期为管理会计人员提供有关信息安全和机密性的培训，使他们能够更好地理解和应对潜在的安全风险和威胁。

保持机密性是管理会计人员不可或缺的职业责任。只有通过遵守机密性原则，确保敏感财务数据和商业信息的安全，才能为组织保障竞争优势，建立信任，促进可持续的业务增长。同时，这也是管理会计人员展现高度职业操守和道德责任的体现，为整个组织树立良好的榜样。

二、遵循诚实和透明原则

在管理会计的角色中，诚实和透明是不可或缺的价值观。管理会计人员的工作涉及为组织提供财务信息和业务数据，这些信息在决策制定和战略规划中起着至关重要的作用。遵循诚实和透明原则不仅是一项职业责任，更是维护组织声誉和建立信任的关键。

第一，诚实和透明的态度。管理会计人员应以诚实和透明的态度对待自己的工作。这意味着他们应该全面地、准确地呈现财务信息和业务绩效，不夸大事实，也不隐瞒重要信息。任何形式的虚假陈述、误导性信息或故意篡改数据都是不可接受的，因为这可能会误导决策者，对组织造成严重影响。

第二，真实的财务报告和分析。管理会计人员编制的财务报告和业务分析应该是真实可信的。他们应该确保所有数据和指标的计算准确无误，并反映了组织的真实状况。当出现财务困难或业绩下滑时，他们应该坦诚地将这些问题反映在报告中，同时提供合理的解释和分析，以帮助决策者理解形势。

第三，建立信任关系。透明度是建立与投资者、合作伙伴以及其他利益相关者之间的信任关系的基础。通过提供准确、及时和透明的财务信息，管理会计人员能够增强外部利益相关者对组织的信心，促进投资和合作的机会。同时，内部员工也会更有信心地参与决策和执行，因为他们知道所依据的是真实的数据和信息。

第四，倡导透明文化。管理会计人员在组织内部还可以倡导透明文化。他们可以通过与其他部门合作，确保信息共享和交流的透明性，促进更好的团队合作和协调。透明文化有助于减少信息壁垒，加强组织内部的信息流动，从而更好地应对挑战和机会。

遵循诚实和透明原则是管理会计人员的核心职责之一。诚实、准确地呈现财务信息和业务绩效，是组织的长期发展的坚实基础。透明度不仅建立了与利益相关者之间的信任，还为决策制定提供了更清晰的依据，推动组织朝着可持续的成功前进。

三、避免利益冲突

避免利益冲突是指在管理会计领域，从业人员应当谨慎行事，以确保个人利益不与职业职责发生冲突。具体而言，管理会计人员需时刻保持警惕，确保不将其职位作为谋取私人利益的手段，同时也应杜绝一切可能损害组织利益的行为。

为了避免利益冲突，管理会计人员应当遵循以下原则和行为准则：

第一，诚信与透明度。管理会计人员应当始终秉持诚信，以诚实和透明的方式行事。他们应当避免隐瞒个人利益或从事不道德的行为，确保其决策和行动对组织的财务状况和运营没有不良影响。

第二，公正与客观。管理会计人员在履行职责时，应当保持公正和客观的态度，不受个人利益、人际关系或其他因素的影响。他们的决策应当基于事实和数据，旨在实现组织的长期利益。

第三，禁止利用职位谋取私利。管理会计人员严禁利用其职位地位、信息或影响力谋取个人私利。这包括不得利用内部信息进行股票交易或其他投资活动，以获取非正当的财务利益。

第四，避免与利益相关的交易。若管理会计人员发现自己面临潜在的利益冲突，例如与家人、朋友或其他相关人员之间的财务交易，应立即向适当的主管或监管机构报告，并主动采取必要的措施，以确保决策不受此类关系影响。

第五，报告利益冲突。如果管理会计人员发现自己陷入了利益冲突的境地，他们应立即向适当的管理层或内部控制部门报告，以启动解决过程。及时报告可以帮助组织第一时间采取措施，防止潜在的损害。

管理会计人员作为组织中负责财务信息处理和决策支持的重要角色，其行为规范至关重要。遵循机密性、诚实透明、避免利益冲突、持续学习、尊重职业道德以及建立良好的沟通与协作等原则，有助于确保他们在职业生涯中保持高度的职业操守，赢得组织和利益相关者的信任与尊重。只有如此，管理会计人员才能更好地为组织的可持续发展和成功做出贡献。

第二章 战略管理的方法和应用

第一节 战略管理的方法和工具

一、战略管理的方法

（一）价值链分析

1. 价值链分析的内涵阐释

为了提升企业战略，美国战略管理学家迈克尔·波特（Michael E Porter）在 1985 年提出了价值链分析方法。将一个企业的经营活动分解为若干战略性相关的价值活动，每一种价值活动都会对企业的相对成本地位产生影响，进而成为企业采取差异化战略的基础。供应商通过向企业出售产品对企业价值链产生影响，而企业通过向客户销售产品影响着买方的价值链。价值链是一种高层次的物流模式，由原材料作为投入资产开始，直至原材料通过不同过程售给顾客为止，其中做出的所有价值增值活动都可作为价值链的组成部分。价值链的范畴从核心企业内部向前延伸到供应商，向后延伸到分销商、服务商和客户。

价值链分析方法视企业为一系列的输入、转换与输出的活动序列集合，每个活动都有可能相对于最终产品产生增值行为，从而增强企业的竞争能力。信息技术和关键业务流程的优化是实现企业战略的关键。企业通过在价值链过程中灵活应用信息技术，发挥信息技术的使能作用、杠杆作用和乘数效应，可以增强企业的竞争能力。价值活动是构筑竞争优势的基石，对价值链的分析不仅要分析构成价值链的单个价值活动，而且更重要的是，要从价值活动的相互关系中分析各项活动对企业竞争优势的影响。

2. 价值链分析的主要任务

价值链分析的任务就是要确定企业的价值链，明确各价值活动之间的联系，提高企业创造价值的效率，增加企业降低成本的可能性，为企业取得成本优势和竞争优势提供条件，其主要任务如下：

（1）识别活动。价值链分析需要识别企业内部所有相关活动，从原材料采购、生产、物流、营销到售后服务等环节，全面梳理整个价值链。

（2）分析活动价值。对每个活动进行深入分析，评估其对最终产品或服务的价值贡献。通过分析活动的成本、效率和质量等因素，确定各个环节的重要性。

（3）确定核心能力。价值链分析帮助企业确定其核心能力和竞争优势所在，即哪些活动是企业的特殊优势，可以为其创造独特价值，从而在市场上获得竞争优势。

（4）寻找成本和效率优化点。通过对价值链中每个环节的分析，找到可能的成本和效率改进点。优化这些环节可以降低成本、提高效率，增强企业整体竞争力。

（5）确定合作伙伴和外包机会。价值链分析可以帮助企业确定是否有活动适合外包或与合作伙伴共同完成，从而专注于核心能力和创造更大价值的部分。

（6）制定战略方向。通过分析各个环节的价值贡献，企业可以确定战略方向，例如选择差异化战略还是成本领先战略，或者在哪些领域进行创新和投资。

（7）决策支持。通过深入了解活动的价值链，企业可以做出更明智的决策，确定资源分配、投资和发展方向。

3. 价值链分析的基本特征

（1）价值链的整体性。企业的价值链体现在更广泛的价值系统中。供应商拥有创造和交付企业价值链所使用的外购输入的价值链（上游价值），许多产品通过渠道价值链（渠道价值）到达买方手中，企业产品最终成为买方价值链的一部分，这些价值链都在影响企业的价值链。因此，获取并保持竞争优势不仅要理解企业自身的价值链，而且也要理解企业价值链所处的价值系统。

（2）价值链的异质性。不同的产业具有不同的价值链。在同一产业，不同的企业的价值链也不同，这反映了他们各自的历史、战略以及实施战略的途径等方面的不同，同时也代表着企业竞争优势的一种潜在来源。

4. 价值链分析的类别划分

（1）横向价值链分析。横向价值链分析简单地讲就是对一个产业内部的各个企业之间的相互作用进行分析。在大多数产业中，不论其产业平均盈利能力如何，总会有一些企业比其他企业获利更多。

企业通过横向价值链分析可以确定自身与竞争对手之间的差异，从而确定能够为企业取得相对竞争优势的战略。横向价值链分析是企业确定竞争对手成本的基本工具，也是公司进行战略定位的基础。例如，通过对企业自身各经营环节的成本测算，不同成本额的公司可采用不同的竞争方式，面对成本较高但实力雄厚的竞争对手，可采用低成本策略，扬长避短，争取成本优势，使得规模小、资金实力相对较弱的小公司在主干公司的压力下能够求得生存与发展；而相对于成本较低的竞争对手，可运用差异性战略，注重提高质量，以优质服务吸引顾客，而非盲目地进行价格战，使自身在面临价格低廉的小公司挑战时，仍能立于不败之地，保持自己的竞争优势。

（2）纵向价值链分析。纵向价值链分析是将企业看作整个行业价值生产的一个环节，与上游和下游存在紧密的相互依存关系。企业可以通过协调与上游供货商和下游销售渠道的关系来优化价值链的流程。纵向价值链分析的重要作用在于决定企业在哪一产业中参与竞争。具体来说，其研究的内容包括以下方面：

产业进入和产业退出：企业通过对某产业在整个纵向价值链上的利润共享情况的分析，以及对产业未来发展趋势的合理预期可以做出进入或者退出该产业的战略决策。

纵向整合：纵向整合是指在某一企业范围内对企业现有生产过程进行扩展。纵向整合可以分为前向整合和后向整合，即在企业范围内分别向纵向价值链的上游和下游延伸，通过这种方式来建立企业的优势地位。纵向价值链分析往往涉及的是投资的投资。过去此类投资决策往往简单归为一般的投资决策问题，因而未能将差异很大的投资问题区别开来，造成决策与实践的脱节。价值链分析从全新的角度以战略的眼光去对待不同的投资决策问题。

（3）内部价值链分析。内部价值链分析指的是企业的内部价值运动。内部价值链分析始于原材料、外购件的采购，终于产品的销售即顾客价值的实现。其目的是找出最基本的价值链、企业生产作业的成本动因及与竞争对手的成本差异，区分增值与非增值的作业，探索提高增值作业效率的途径。内部价值链分析涉及决策、预算、分析和控制所有方面，企业的内部价值链分析涉及企业的职能活动和生产经营活动。企业内部价值链分析是纵向价值链分析和横向价值链分析的交叉点。纵向价值链分析的结果确定企业应该生产什么，横向价值链分析指出企业生产该种产品的竞争优势所在，同时明确与外部竞争者有关的因素有哪些，从而确定企业进行生产的限制条件，即确定企业应如何进行生产；这两种分析的落脚点都在企业内部价值链分析的结果之上。企业内部价值链分析强调通过对企业的生产经营活动、基本职能活动、人力资源管理活动的组织，完成成本最低、差异最佳、价值增值最大的目标。

5. 价值链分析的关键步骤

（1）把整个价值链分解为与战略相关的作业、成本、收入和资产，并把它们分配到“有价值的作业”中。

（2）确定引起价值变动的各项作业，并根据这些作业，分析形成作业成本及其差异的原因。

（3）分析整个价值链中各节点作业之间的关系，确定核心企业与顾客和供应商之间作业的相关性。

（4）利用分析结果，重新组合或改进价值链，以更好地控制成本动因，产生可持续的竞争优势，使价值链中各节点作业在激烈的市场竞争中获得优势。

（二）SWOT 分析

SWOT 分析是基于内外部竞争环境和竞争条件下的态势分析。这种分析方法将与研究对象密切相关的各种主要内部优势、劣势和外部的机会和威胁等，通过调查列举出来，并依照矩阵形式排列，然后用系统分析的思想，把各种因素相互匹配起来加以分析，从中得出一系列相应的结论，这些结论通常带有一定的决策性。运用这种方法，可以对研究对象所处的情景进行全面、系统、准确的研究，从而根据研究结果制定相应的发展战略、计划以及对策等。

SWOT 是由英文 Strength（优势）、Weakness（劣势）、Opportunity（机会）、Threat（威胁）的首字母组成的。具体为：①优势是组织机构的内部因素，具体包括有利的竞争态势、充足的财政来源、良好的企业形象、成本优势、广告攻势等；②劣势也是组织机构的内部素，具体包括设备老化、管理混乱、缺少关键技术、研究开发落后、资金短缺、经营不善、产品积压、竞争力差等；③机会是组织机构的外部因素，具体包括新产品、新市场、新需求、外国市场壁垒解除、竞争对手失误等；④威胁也是组织机构的外部因素，具体包括新的竞争对手、替代产品增多、市场紧缩、行业政策变化、经济衰退、客户偏好改变、突发事件等。

按照企业竞争战略的完整概念，战略应是一个企业“能够做的”（即组织的优势和劣势）和“可能做的”（即环境的机会和威胁）之间的有机组合。SWOT 分析方法属于综合分析方法，因为其既要分析内部因素，也需要分析外部条件。即根据企业自身的既定内在条件进行分析。SWOT 分析有其形成的基础。迈克尔·波特提出的竞争理论从产业结构入手对一个企业“可能做的”方面进行了透彻的分析和说明，而能力学派管理学家则运用价值链解构企业的价值创造过程，注重对公司的资源和能力的分析。SWOT 分析就是在综合了前面两者（波特竞争理论、能力学派）的基础上，以资源学派学者为代表，将公司的内部分析与产业竞争环境的外部分析结合起来，形成了自己结构化的平衡系统分析体系。SWOT 分析将企业面临的外部机会和威胁，与企业内部具有的优势和劣势进行对比，得出四种组合方式，分别用四个区域表示，如图 2-1 所示①。

---

①杨立．管理会计［M］．北京：机械工业出版社，2020：283.

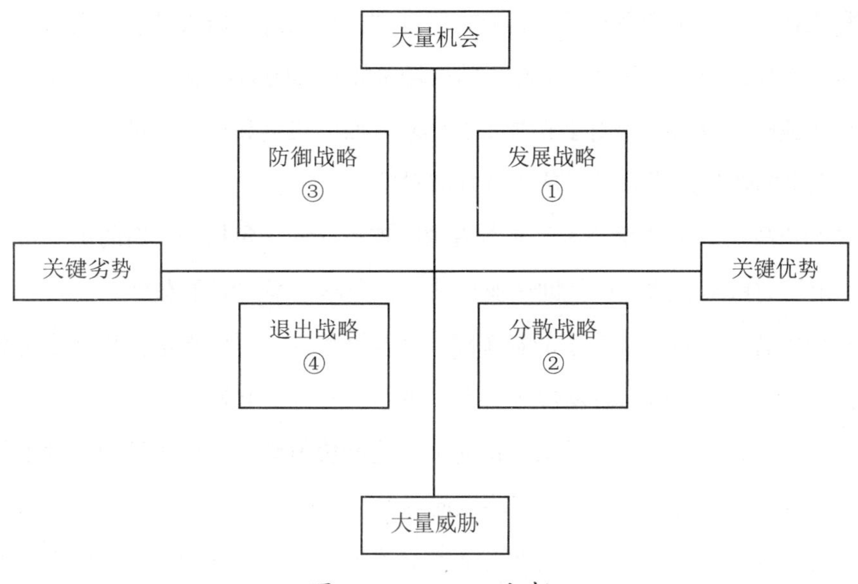

图 2-1 SWOT 分析

图 2-1 中区域①是最理想的组合，企业面临较多的机会和优势，应采取发展战略；区域②的业务以关键优势面对不利环境，这时企业要么利用现有优势在其他产品或市场上建立长期机会，要么以其优势克服环境设立的障碍；区域③的业务具有较大的市场机会，同时内部劣势也较明显，这时企业应有效地利用市场机会，并努力减少内部劣势；区域④是最不理想的情形，企业应采取减少产品或市场，或者改变产品或市场的战略。

（三）竞争对手分析

确定竞争对手是制定企业竞争战略的前提条件。在确立了重要的竞争对手以后，就需要对每一个竞争对手做出尽可能深入、详细的分析，揭示出每一个竞争对手的长远目标、战略假设、战略途径与方法、战略能力，并判断其行动的基本轮廓，特别是竞争对手对行业变化，以及当受到竞争对手威胁时可能做出的反应。

1. 竞争对手的长远目标

竞争对手分析是战略管理中至关重要的一环，它涉及对竞争对手的各个方面进行深入研究，以揭示其战略意图和行动。对竞争对手长远目标的分析是竞争对手分析的关键组成部分，它有助于企业了解竞争对手的未来走向，从而更好地制定自身的战略。对竞争对手长远目标的分析包括以下方面：

（1）战略定位。了解竞争对手的战略定位是分析长远目标的关键。企业需要了解竞争对手是追求成本领先、差异化还是专注于某个特定市场细分领域。这有助于预测竞争对手未来可能采取的行动，以及其对市场的影响。

（2）扩张计划。了解竞争对手是否有扩张计划，包括进入新市场、推出新产品线或拓展供应链等。这有助于企业预测竞争对手的市场份额和影响力可能会如何发展。

（3）创新战略。分析竞争对手在技术和创新方面的投资和计划，可以帮助企业了解其在未来可能推出的新产品或服务，从而做好应对准备。

（4）国际化战略。了解竞争对手是否有国际扩张计划，包括进入新的国际市场或扩大在现有国际市场的份额。这可以帮助企业评估其在全球市场的竞争态势。

（5）资源配置。分析竞争对手的资源配置和投资重点，可以揭示其长远目标和战略重点。例如，竞争对手是否增加研发投入、人才培养或资本支出等。

（6）文化和价值观。了解竞争对手的企业文化和价值观，可以帮助企业理解其决策和行动背后的动机，预测其未来可能的战略取向。

（7）合作伙伴关系。分析竞争对手是否有合作伙伴关系或联盟计划，可以帮助企业了解其在产业生态系统中的角色和影响力。

2. 竞争对手的战略假设

每一个企业所确立的战略目标，其根本是基于他们的假设之上的。这些假设可以分为三类：

（1）竞争对手所信奉的理论假设。例如，许多美国企业所奉行的理论是短期利润，因为只有利润才能支持发展，而日本企业信奉的是市场占有率和规模经济理论，认为只要能占领市场，扩大生产销售规模，单位成本就会下降，利润自然滚滚而来。

（2）竞争对手对自己企业的假设。要么认为自己的产品在功能和质量上高人一等，要么认为自己的产品在成本和价格上具有优势。名牌产品企业对低档产品的渗透可能不屑一顾，而以价格取胜的企业对其他企业的降价则会迎头痛击。

（3）竞争对手对行业及行业内其他企业的假设。例如，哈雷公司在20世纪60年代不仅对摩托车行业充满信心，而且对日本企业过于掉以轻心，认为他们不过是在起步学习阶段，对自己构不成威胁。经过多年的发展，日本摩托车终于在美国取得了成功。实际上，对战略假设，无论是对竞争对手，还是对自己，都要仔细检验，这可以帮助管理者识别对所处环境的偏见和盲点。可怕的是，许多假设是尚未清楚意识到或根本没有意识到的，甚至是错误的；也有的假设过去正确，但由于经营环境的变化而变得不那么正确了，可企业仍在沿循着过去的假设。

3. 竞争对手的战略途径

（1）成本领先策略。分析竞争对手是否以低成本为竞争优势，通过规模经济和成本控制来实现利润增长。了解竞争对手的成本领先策略可以帮助企业预测其可能的价格竞争和市场份额争夺。

（2）市场渗透策略。了解竞争对手是否通过市场渗透来增加市场份额，例如推出促销活动、开发新的市场细分等。

（3）回避战略。有些竞争对手可能会选择回避与其他竞争对手的直接竞争，而专注于其他市场或领域。

（4）价格战略。分析竞争对手的定价策略，包括是否采取价格战略以争夺市场份额。

（5）品牌和营销策略。研究竞争对手的品牌建设和营销策略，包括广告、促销、定价和渠道选择。这可以帮助企业了解竞争对手如何与客户互动并建立品牌忠诚度。

4. 竞争对手的战略能力

目标也好，途径也好，都要以能力为基础。在分析研究了竞争对手的目标与途径之后，还要深入研究竞争对手是否具有能力采用其他途径实现其目标。这就涉及企业如何规划自己的战略以应对竞争。如果较之竞争对手本企业具有全面的竞争优势，那么则不必担心在何时何地发生冲突。如果竞争对手具有全面的竞争优势，那么只有两种办法：要么不要触怒竞争对手，甘心做一个跟随者；要么避而远之。如果不具有全面的竞争优势，而是在某些方面、某些领域具有差别优势，则可以在自己具有差别优势的方面或领域把文章做足，但要避免以己之短碰彼之长。

（四）市场定位分析

“市场定位逐渐成为企业获取竞争优势的重要手段，相关理论也受到了企业的极大关注。”① 所谓市场定位就是企业根据目标市场上同类产品竞争状况，针对顾客对该类产品某些特征或属性的重视程度，为企业产品塑造强有力的、与众不同的鲜明个性，并将其形象生动地传递给顾客，取得顾客认同。市场定位分析包含了企业环境分析，企业环境分析与市场定位分析共同构成了企业战略定位的分析方法。因为企业可以通过外部环境分析，判断企业所处的宏观环境、竞争对手状况以及顾客的偏好等，识别企业的机遇和挑战，从而有针对性地选择战略，利用机会消除危险；通过内部环境分析，判断企业自身资源的占有和控制等情况，以此考察企业经营中的优势和劣势。因此，战略定位分析能够帮助企业审视其内外部环境，并选择相应的战略，利用优势，化解劣势，从而保证战略目标的实现。

市场定位分析的首要工作是确定目标市场，目标市场确定后，企业就要在目标市场上进行定位。市场定位的实质是使本企业与其他企业严格区分开来，使顾客明显感觉和认识

---

①何坤山．市场定位思考［J］．现代经济信息，2014（17）：109.

到这种差别，从而在顾客心目中占有特殊的位置。市场定位引导企业的资源配置，市场定位的改变也必然改变企业的资源配置方式。市场定位分析要求企业对市场环境的变化始终保持足够的敏锐性，择机而行，相机而动，从而在市场竞争中始终把握主动性。

二、战略管理的工具

（一）风险预警系统

风险预警系统在企业活动中的作用至关重要。随着现代商业环境的不断变化和复杂性的增加，企业面临着各种风险和不确定性，这可能对其经营和利润产生重大影响。风险预警系统通过建立一套完整的风险评估体系，帮助企业及时识别和分析风险，并采取相应的措施来预防和化解风险的发生，以降低风险、避免损失。

1. 风险预警系统的基本组成

（1）风险识别子系统。这是整个风险预警系统的基础，其关键在于建立起系统性的风险识别分析机制。通过对企业经济、技术、管理、市场等各方面进行综合分析，识别出潜在的风险因素。这需要全面的数据收集和信息分析，以确保不同类型的风险都能被及时发现。

（2）风险评价子系统。一旦风险因素被识别出来，就需要对其进行定性和定量的评估。这涉及量化风险的可能性和影响程度，以确定哪些风险是最紧迫和最具威胁的。这一步骤的目的是帮助企业优先处理那些对其影响最大的风险。

（3）风险预警子系统。在风险被识别和评估之后，需要建立起一个有效的风险预警机制。这包括确定何时应该发出警报以及警报的级别，以便在风险即将发生或正在发生时能够及时采取行动。风险预警系统应该能够提供准确、及时的信息，以支持企业决策和应对措施的制定。

2. 风险预警系统的实施作用

（1）事前阶段。通过风险预警系统，企业可以在事前识别和评估风险，制定相应的应对计划，从而减少风险的可能性，降低其对企业的影响。

（2）事中阶段。当风险发生时，风险预警系统可以迅速发出警报，使企业能够迅速采取应对措施，以减轻风险带来的损失。

（3）事后阶段。风险预警系统还可以在事后对风险事件进行跟踪和分析，总结经验教训，改进预防和应对措施，以提升企业的风险管理能力。

总之，风险预警系统对于企业来说是一项至关重要的工具，它能够帮助企业在不确定的环境中保持敏感性，及时应对风险，保护企业的利益和稳定经营。在现代商业竞争中，拥有强大的风险预警系统已经成为企业取得成功的重要因素之一。

（二）全面质量管理

1. 全面质量管理的主要内容

“全面质量管理理论是一种以提升质量为目的的现代化管理方法，”① 指一个组织以质量为中心，以全员参与为基础，目的在于通过让顾客满意和本组织所有成员及社会受益而达到长期成功的管理途径，这个定义是学界广泛认同的全面质量管理概念。全面质量管理必须满足“三全一多样”的基本要求，即全员的质量管理，全过程的质量管理，全方位的质量管理和多方法的质量管理。

（1）全员的管理。全员的质量管理是企业全体人员参加的质量管理。人是影响质量管理的最显著因素，以人为本，充分发挥人在质量管理过程中的主观能动性。因为全面质量管理不是质管部门和生产主管的专职，而是全体员工的共同责任，依靠企业员工的共同努力，保证和提高产品质量。产品质量是企业全体员工工作质量的综合体现，这与员工的素质、技术水平、管理水平、领导水平等密切相关，任何一个环节、任何一个人的工作质量都会影响产品质量，所以全体人员要树立全面质量管理观念，加强全面质量管理教育和培训，明确每一个部门、每一个岗位的质量职责，让全体员工更加积极主动得参与到质量管理之中。

（2）全过程的管理。全过程的质量管理是对产品质量产生、形成和实现的全过程进行的质量管理，从产品的设计、制造、辅助生产、供应服务、销售直至使用的全过程全部纳入质量管理范畴。企业对产品生产的每一道工序、每一个环节都严格控制，以预防为主，防检结合，保证工序和环节的“零失误”，从而保证产品质量。全面质量管理所指的顾客不仅指产品或服务的消费者，还将生产过程中下一工序定义为上一道工序的顾客，所以每一个环节都是相互联系，要对生产过程中的每一道工序都加强管理，从而保证过程的质量。

（3）全方位的管理。全方位的质量管理对象包括工作质量、产品质量及有关的过程质量。要求企业所有部门参与质量管理，共同围绕质量方针制定质量目标并有效落实，部门之间还要质量信息的共享，重视影响企业产品质量的所有因素，并努力有效控制，从而提高工作质量和产品质量。此外，还要管理产量、成本、生产效率和交货期等，预防和减少不合格产品，确保低消耗、低成本、按期交货和服务周到，满足顾客需求。

---

①葛玉娇．全面质量管理理论在审计整改工作中的应用［J］．商业会计，2023（7）：81.

（4）多方法的管理。多方法的质量管理即多种方法的质量管理。质量管理中广泛使用各种方法，统计方法是重要的组成部分，除此之外，还有很多非统计方法。常用的质量管理方法有七种工具，包括因果图、排列图、直方图、控制图、散布图、分层图、调查表；此外还有新的七种工具，包括关联图法、KJ 法、系统图法、矩阵图法、矩阵数据分析法、PDPC 法、矢线图法。

2. 全面质量管理的基本原则

全面质量管理总共有七项基本原则，内容为以客户为关注焦点、领导作用、全员积极参与、过程方法、改进、循证决策和关系管理。

（1）以顾客为关注焦点。全面质量管理第一原则是满足顾客要求并且努力超越顾客期望。顾客就是上帝，企业依存于顾客，因此企业应了解顾客现在和未来的需求，满足且超越顾客的期望。如果企业不能满足顾客需求，就无法获得利润，企业将无法生存。顾客不仅仅包括消费者，还包括单位内部生产、服务和活动中在产品被接受之前所产生的工序、岗位和个人。当今市场环境，企业需求趋向于个性化，所以设计产品时应充分调查顾客需求，设计出顾客满意的商品。

（2）领导作用。所谓领导者就是企业的最高管理者，领导作为企业质量方针目标和战略规划的制定者，在生产经营中发挥重要作用。企业决策层必须重视质量管理，企业的管理层和员工也必须参与质量管理活动。最高管理者应确保组织的目标和方向一致，规划企业发展方向和战略方向，并且协调各部门，营造的内部环境使企业员工能充分参与并实现组织目标，调动员工的积极性，带领大家朝着共同的目标奋进。

（3）全员积极参与。企业不能只靠管理层，员工参与也至关重要。各级人员是企业组织之本，整个企业拥有能够胜任且积极参与的人员是提高组织创造和提供价值能力的必要条件，员工的充分参与能充分发挥才干为组织带来收益。人才是第一资源，只有全体人员充分参与，企业才能良好运作。全员参与原则主要正确处理好人员配备和人员激励。

（4）过程方法。企业要想高效地达到一致的和可预期的效果必须将相关的资源和活动作为相互关联和连贯的过程来进行识别、理解和管理。质量管理体系就是由各个过程构成，不应将它们以单独的过程眼光看待，应以系统的角度来管理，才能提高效满足顾客需求。

（5）改进。改进应是企业永恒的目标，是全面质量管理不可或缺的一部分。依据顾客需求，运用 PDCA 循环法，结合纠正与预防措施，与时俱进，使管理更加完善。

（6）循证决策。在充分分析数据和信息基础上建立有效决策，更能产生期望的结果，最高管理者必须以事实为基础，以公司的实际情况为出发点，制定企业的发展规划。

（7）关系管理。企业与供方相互联系，相互依存。加强企业联系，企业与供方之间保持互利关系，实现优势互补，可增强企业和供方共同创造价值的能力，建立战略合作伙伴关系，实现合作共赢。供方产品的好坏直接影响到最终产品的质量，企业在采购产品时应充分地评价才能确定供应商，其次要多渠道、多信息沟通，帮助供方改进产品或原材料的质量，实现互利互惠，共同发展。

3. 全面质量管理的重要方法

通过查阅相关文献，总结对本课题研究有重要指导意义的全面质量管理相关的方法，包括5M1E分析法、因果图分析法、奠定本研究的原因分析基础，为后文具体分析提供理论依据。

（1）5M1E分析法。工序质量是保障产品质量的基础，工序质量对生产成本、生产效率、产品质量有着十分重要影响。工序质量受人、机、料、法、环、测这六方面的因素影响，因为六个因素英文名的首字母是五个M和一个E，简称5MlE。

人（Man）：操作者对质量的认识、技术熟练程度等。

机（Machine）：机器设备、仪器的精度、维护保养状况等。

料（Material）：材料的成分、物理和化学性能等。

法（Method）：生产工艺、设备选择、操作规程等。

测（Measurement）：指测量时采取的方法是否标准和正确等。

环（Environment）：工作地的温度、湿度、照明、清洁条件等。

（2）因果图。因果图又称鱼骨图，是一种对问题产生原因进行分类和层次分析的方法，特点是简单实用、直观易懂。鱼骨图的制作分为两个步骤，首先分析问题结构，然后绘制鱼骨图。分析问题结构的五个步骤：①针对问题产生原因，选择分类分层次；②分别对各个级别的分析找到其可能因素；③分类整合各个因素；④选出因素中的重要元素；⑤简洁的表达出各要素及其特征。

绘制龟鱼图的四个步骤：①绘制出主要骨架，填写鱼头；②填写主骨架分支，进行层次分析；③画出大骨架引申出的中级和其附属骨架；④重要因素的特殊符号标记处理。

第二节 战略管理的应用实践

一、企业战略管理会计在金融行业的应用

下面以商业银行为例，探究战略管理会计在金融行业的应用。

（一）战略管理会计在金融行业的应用问题

1. 管理信息系统不能满足需求

（1）商业银行管理信息系统不全面。随着市场竞争的日益激烈，也致使商业银行充分意识到实现管理品质改善的价值。中国的商业银行相比较过去而言，已经较为注重会计管理战略的重要性，因为商业银行充分意识到通过战略管理会计的引入，有助于促使银行实现管理水平的改进。在这种情况下，绝大多数商业银行都已经根据自己的条件实施并开展了一定程度上的战略管理会计。也在这一背景下，我国的商业银行不断积极探索战略管理会计系统应用于商业银行的具体实践，使商业银行人力和物力投入战略管理会计中的量逐年增加，但有一个关键问题是，虽然商业银行自身处于不同的发展过程中，但是依然没有实现战略管理会计系统的落实。

20 世纪 90 年代我国商业银行开始实行信息化管理，会计逐步从手工转向电算化，这种转变实质上仅是记账方法的提升。商业银行内部的金融管理机构和其他有关机构虽然实现了工作的电算化，但是部门之间的联系并不密切。各部门主要根据本部门的业务开发管理信息系统，不同的信息存在于不同的部门机构中，各部门使用的信息系统技术手段不统一，缺少统一的信息交换标准和格式，开放性和兼容性较差，产生的信息无法共享。例如，某商业银行的前台业务部门通过业务系统对业务录入并处理；风险管理部门通过风险系统进行信息的搜集和处理；财务部门通过会计信息系统进行信息的搜集和整理。业务部门、风险管理部门和财务部门之间的信息不能共享，各自通过自己的系统开展工作，数据重复录入、口径不一致，效率低，工作量大。管理信息系统难以对各业务部门的信息进行统一归集和分析，管理者在进行经营决策时无法通过管理信息系统获得有效的信息支撑。

（2）商业银行管理信息系统缺乏分析。虽然部分商业银行已经开始进行战略管理会计信息系统构建，并显示在商业银行的日常管理过程中，也让这些商业银行在竞争中具有相当的优势。但从本质来说，战略会计系统的构建是为了更好实现决策的制定，所以其必须要实现对复杂环境应对，而且需要强化信息数据的分析和整合。因此，要确保商业银行在

银行业务流程的价值链分析及其应用发现问题，比如发现本商业银行的竞争优势和处理商业银行自身的定位，信息沟通要保密，而且还应该对竞争对手进行跟踪分析，了解竞争对手的具体情况。

2. 缺乏对市场的准确分析与判断

（1）商业银行仍然在使用传统的会计工作流程。就当前商业银行的会计流程实现来说，以手动操作为主。其并非是简单的自动化水平低，也是先进的会计处理方式没有在商业银行得到应用的表现。由于会计电算化工作和要求不断提高，信息技术之下，设计方案能充分满足会计工作的基本需求。但在商业银行所面临的财务工作内容日益复杂的情况下，在进行系统布局上，不应只有满足设计要求，而且也要确保商业银行的会计工作流程符合电算化的要求，商业银行会计人员目前如果仍然使用传统的会计工作流程显得不符合实际。

因此，目前商业银行的会计工作虽然实现了电算化，但商业银行会计工作在具体的流程布局上并没有出现太大的变革。通过计算机技术的引入仅仅是实现操作过程的变更，致使处理速度得以提升，并没有实质上的商业银行会计工作流程改变。单位管理会计工作的本质就是实现相应会计活动的落地。需要充分实现对具体应用环境的分析，在此基础上把管理会计活动嵌入规划、决策、控制、评价等环节，促使管理会计达成闭环运作。要想实现管理会计目标，其中一个重要的方式就是相应工具方法的运用，为此在过程中，相应的手段应该是战略地图、滚动预算管理、作业成本管理、本量利分析、平衡计分卡等模型、技术、流程等的统称。这些都说明，当前商业银行传统的会计工作流程已经不符合战略管理会计的要求，需要改变。

（2）商业银行当前的会计信息核算系统不符合要求。在商业银行传统的会计系统之中，虽然源文件详细反映商业银行的各项数据，也较为全面反映出商业银行从事的所有业务活动。但商业银行在进行相应的数据处理操作后，基于会计系统能够有效地进行数据的合理筛选、排序，导致在进行操作上，相同数据存储和验证的时间重复发生，大大增加了商业银行会计人员的工作量，也给商业银行员工时间和劳动效果带来了负面影响，不利于工作效率的改善，也导致资源的耗费。

此外，对于传统的商业银行会计信息系统来说，其在进行经济活动的管控上，其核心的目的是实现流动信息的搜集，实际上这也导致很多重要信息被忽略。这导致重复存储的信息形成，从而未能实现融合全体商业银行各种信息进而辅助商业银行实现正确决策目标的制定。而且从传统的体系布局来说，会计工作唯有被分解到部门后才能够成为系统。随着系统的升级，具体到全新的商业银行管理模式之中，就需要解决这个问题，并期待着未来实现更为完善的系统开发。

在我国商业银行的管理会计的具体体现上，采取的是责任制。要想确保责任制的作用得以发挥，则要实现横向和纵向延伸到商业银行的全部人员和整体部门，坚持各部门都要融入管理过程中的原则参与。同时，在商业银行的责任中心，必须明确职责，不同的商业银行子系统和不同的商业银行部门应该有明确的责任界限，而不是因为在一个中央系统之中单纯实现一体化。然而，商业银行的子系统在管理责任中心仍然是集体的责、权、利，还存在一定的差距，可能在某些情况下，一些商业银行的部门完全脱离具体的评价体系，没有形成这样的收入约束，这是很难做到责任制的，也不利于商业银行及时掌握员工的工作状态的相关信息，商业银行经营部、网点都没有融入这一系统中去，实现责任到人是很困难的。

管理会计信息是开展管理会计活动过程中所使用和生成的财务信息和非财务信息，是管理会计报告的基本元素。管理会计报告是管理会计活动成果的重要表现形式，旨在为报告使用者提供满足管理需要的信息，是管理会计活动开展情况和效果的具体呈现。而这些信息都要建立在完善的信息系统之上，商业银行当前的会计信息核算系统不符合要求的现状也倒逼商业银行积极通过措施予以改变。

3. 内部信息处理水平不高

（1）商业银行内部管理系统收集不及时。战略管理会计系统是管理信息系统的本质，对商业银行的制度要求比较高，在建立了战略管理会计系统的商业银行，协调和管理部门提供绩效评价信息至关重要。另外，对于计划的实施，商业银行财务会计部门提供相应的需求信息，这个信息是保证商业银行系统的正常运行重要的因素。如果这些商业银行的信息不能及时有效的传递则会影响商业银行战略管理会计系统的顺畅运行。同时，商业银行的外部工作，比如评估贷款的风险，掌握市场信息和发展的业务战略这些工作都需要收集信息，国家宏观经济政策，行业之间的竞争风险也需要进一步收集信息。

（2）商业银行信息在具体管理应用中存在偏差。翔实的数据报告是所有商业银行做出合理决策的基石，同时也关系到商业银行管理会计系统的成功。虽然商业银行在努力提高数据的真实性和时效性，尤其是我国的一些大商业银行在这方面付出了大量的代价和成本，但这不能完全避免虚假信息的状态，换言之，商业银行的信息应用仍然存在一定的偏差。当然，商业银行信息应用存在偏差的原因是多方面的，比如商业银行数据采集手段落后，商业银行个人因素的影响，在缺乏技术信息传输过程中的监督和管理，等等。

信息采集规范性差直接导致商业银行管理信息系统采集信息的真实性无法保证。以某商业银行为例，从一线业务到总行存在若干环节，目前仍以书面报表和报告形式作为数据信息传递的主要方式，而各部门设立的业务系统仅发挥辅助作用。由于没有统一的信息采集规范，部门之间存在对信息的多头采集、采集口径不统一、报送时点不一致的问题，导致数据信息可靠性低，资源利用效率低。在信息采集责任不明确的情况下，存在各部门不配合信息采集工作，内部管理出现信息死角或者盲点等问题。一些商业银行的基层单位或个人为了完成商业银行高层领导交办的任务，比如要实现各种商业银行的既定任务和指标，产生一定程度的编造虚假信息也是普遍现象，这些事情在商业银行并不是特别容易取缔的。比如，商业银行工作人员为了完成既定存款的任务，在临近商业银行绩效考核之前时加入了大量的临时存款，在新的阶段又迅速赶回。一个科学、合理的管理信息系统不仅要避免前述提到的信息重复采集、遗漏和滞后的问题，也要为银行管理者提供及时、可靠的数据信息来源。

此外，为了保证商业银行数据的真实性，也要增强商业银行数据的充分性和完整性。商业银行战略管理会计系统建立并完善之后，就需要信息顺畅通达各部门，基于所有业务和所有产品的本金和利润，确保商业银行能够提供更全面的财务或非财务数据。现代企业管理必须以人作为管理的主体，商业银行制度仅仅是人与人之间沟通的工具。因此，商业银行战略管理会计信息系统不仅要能够处理信息的广义集合，而且要使信息流网络化。但现实是，我国现有的国有银行和其他类型商业银行的信息网络中，只有发挥整体功能的一个很小的一部分信息的管理功能，但这种情况的主要原因是现有的系统过于分散，诚信度不高，从信息处理的开始就有限，不能满足商业银行集中管理和业务发展的最基本的信息需求。

4. 未建立科学的绩效评价体系

（1）商业银行缺乏完善的绩效评价体系。商业银行从事多种业务，而且手续复杂，商业银行提供的金融服务属于一种无形产品，其价值和相关的绩效需要进行准确评估和评价。因此，识别商业银行现有资源，分析商业银行资源变化的原因，规划和作业成本计划在作业成本法的应用过程中的成本管理，可能会有困难。其根本原因在于当前商业银行缺乏完善的绩效管理体系。也正是因为缺乏绩效管理体系，可能根本无法获得数据信息，也无法确保相关信息的真实。只有通过人的判断来收集和处理简单的数据，当然这是很主观的，精度不能保证。因此，如何选择合适的成本动因成为间接成本分配的重点和难点。必须选择是比较合适的绩效和考核评价体系，如果没有这一体系，商业银行战略管理会计系统的应用就失去了方向，不但增加了数据收集的难度，增加了财务人员的劳动量，而且对金融资源的浪费也较大。总体而言，根据商业银行的需要构建绩效评价体系，据此做出正确的数据分析，判断可能产生的负面因素并制定战略和相应的管理举措，至关重要。

（2）商业银行的现有绩效评价体系未得到充分利用。

首先，大部分商业银行基于部门的现状，结合商业银行各部门的工作特点，建立自己的绩效考核体系，参考主要是对自己部门的利益考虑，这样的绩效评价体系和制度不利于整体的商业银行管理，不利于商业银行部门之间的竞争和激励，缺乏战略考虑。

其次，目前绩效考核体系未能得到完整应用，商业银行过于追求短期利益，容易造成短期目标的偏离情况，不利于商业银行长远发展的总体构想。

最后，目前的绩效考核机制应该得到完善和广泛的为广大员工的意见实施征求，要确保商业银行的评估系统可以真正激励人，而不是单纯的简单绩效考核制度，也不是单纯将绩效考核作为商业银行工作人员的错误惩罚工具。要在整体绩效评价体系构建的过程中确保商业银行的实际价值得到体现，必须建立一个健全的绩效评价体系同时确保这一体系在商业银行得到实际应用。

总之，现代商业银行战略管理会计制度在一定程度上还没有在商业银行得到全面贯彻和实施，客观环境制约了商业银行战略管理会计的实施。战略管理会计需要为商业银行的决策者提供完整、真实和全面的数据，帮助商业银行决策者做出有效的战略选择和计划。

（二）战略管理会计在金融行业的应用对策

1. 更新管理信息系统

（1）全面更新商业银行管理信息系统。如今，国内很多商业银行内部业务结构还不完善，更多的时候，只有一个商业银行具体的管理流程，而往往这一流程还无法要求各部门配合完成商业银行整体的业务流程，商业银行缺乏完整有效的流程管理体系，工作流程系统化程度还不高。从外部人员的角度来看，商业银行的各项操作流程繁杂，各商业银行业务信息管理系统之间还不够完善也没有实现彼此的衔接和技术信息的联通共享。例如，随着经济全球化的发展和信息技术的发展，金融市场目前已经进入激烈竞争的时代，客户对金融产品提出了更高的要求，对商业银行的个人金融产品的需求量不断加大，商业银行产品的附加值逐渐上升。这也表明，在商业银行客户数量增加的大背景之下，商业银行也在努力提高质量和金融产品的内容，努力让自己商业银行的产品特色成为客户认识到在产品销售过程中的不可替代的地位。

因此，在这种情况下，战略管理会计信息系统将促进商业银行个性化服务的发展，这是传统的商业银行业务流程完全没有考虑过的问题，也将在未来成为商业银行的重要发展武器，也可以让商业银行获得竞争力。如在传统的商业银行业务流程重要性正在逐步下降的大趋势和大背景之下，在目前的经济条件下，商业银行的管理信息系统很难满足市场的需求。例如，有一家商业银行在办理贷款业务的过程中，因为银行的贷款系统没有及时给客户反馈，而客户在商业银行办理金融服务的过程中，其他金融机构的资金系统及时给客户反馈，相比较之后给客户的感觉是不一样的。

从这个角度而言，商业银行的全面更新信息系统显得更为重要。要通过更新商业银行的信息系统，让商业银行业务分析部门能在相应的业务系统中做业务的具体分析，可以从一个系统的分析拓展到商业银行各个部门和各个类型的数据分析，确保完成和客户的各种需求分析的统一，要有一个完整的检查结果，综合对客户的综合贡献利润加以分析和衡量，便于商业银行的信息部的业务分析。此外，还有一个信息是很常见的，商业银行的总行信息化程度普遍较高，但具体到基本的普通商业银行支行的话，也许没有一个完善的信息系统，商业银行要求更大的业务量，而基层的压力非常大。基层的商业银行支行可能会出现客户信息部分是不全面的，商业和市场营销部门之间缺乏协调，没有很好的沟通，信息不对称和完全无法实现同步，等等。这类情况就需要商业银行将其总行的信息系统不断推广应用到本行的全部支行当中，确保信息系统实现整体覆盖。

（2）充分进行商业银行管理信息系统数据分析。

首先，商业银行应该明确整个业务流程的核心的变化。与以往的商业银行管理信息处理过程相比较，战略管理会计实施后的商业银行账户和会计处理过程的核心已经发生了变化。新的商业银行会计流程是以客户为核心，要求商业银行充分考虑客户的需求，所有的商业银行过程和细节都必须要根据客户的需求和使用来进行，充分整合商业银行客户信息。只有这样的基础之上的信息系统数据分析，才能实现商业银行客户价值分析。

其次，在具体的商业银行信息分析的过程之中，要确保把握过程的原则。在设计的过程中，在原有的过程中多余的部分应及时撤销，这使得整个商业银行的业务流程尽量简洁。另外，找出商业银行信息处理过程之前和不恰当的地方，使整个商业银行的信息处理过程结构紧凑，不存在一个断点。

最后，在商业银行数据分析和业务流程优化过程中，应该有区别，有重点的区别对待。具体而言，优化商业银行的外部流程，以客户需求、业务变革为主，追求商业银行产品销售，同时帮助商业银行客户实现自己的理财愿望。当然，商业银行的内部流程优化不同于外部流程优化。一是商业银行要引进大数据软件实现业务批量的处理过程，提供系统的集中信息分析和处理过程。商业银行业务流程的信息处理可以不同于业务流程的其他数据信息处理，要具体根据不同业务流程做出不同选择。具体划分来说，商业银行在这方面的数据分析和处理要实现按照正常的业务流程到业务需求的转变，确保批量处理，信息相对集中，可以用专业的软件来实现的，完成一系列的会计数据处理和存储工作。

当然，当前商业银行普遍拥有大客户，可提供专业化的服务团队。为了实现商业银行的个性化服务，让商业银行的用户真正体验到商业银行的个性化定制服务。这种商业银行内部流程优化将为商业银行的客户服务提供更多的视角，全方位的数据信息，通过信息分析来分析客户行为并针对性提供更好的完善服务。此外，在信息处理和分析的过程中，要提高商业银行的会计核算水平，财务方面尽量做到集中管理。一方面，收回商业银行财政部门分散的分支机构的财务处理权，统一由商业银行的财务主管机关来核算和管理；另一方面，收回同级各部门的财务权限，注重商业银行的财务管理。在商业银行财务会计这方面，实现“五个统一”：内容的统一、体系的统一、会计模式的统一、统一的薪酬管理方案、统一的操作平台。只有这样，商业银行财务管理系统才能得到集中化和规范化，整个商业银行的管理组织才能得到完善。在充分发挥信息分析优势的背景下，还要充分发挥商业银行会计制度的控制和评价功能。在分析和监督商业银行业务流程的各个环节过程中，要扩展会计对象维度，控制了全系列产品和项目，并及时分析了业务数据，最后做了完整的业务报告，为商业银行提供了可靠的参考依据。

2. 提升市场的分析与把控能力

（1）在商业银行推广使用全新的会计工作流程。明确了商业银行流程优化的方向，其目标是最重要的是把商业银行重点放在优化和改进薄弱环节上。对于商业银行来说，会计和资本管理系统是商业银行正常运作的核心。只有这部分功能明确完善，整个商业银行的会计制度才能真正完善。换言之，商业银行稳健发展有赖于商业银行会计管理过程中薄弱环节的改进和强化。

第一，做好基本职能。传统的商业银行会计制度并不能应用于信息时代，那么，完善商业银行会计核算方向，将这个方面的主要成本不断加大，发展细分、项目开发和资本投资，做好信息工作的及时发布非常具有积极意义。

第二，拓展会计维度。计算机技术的迅速发展，目前，已完全让商业银行具备了实现能力导向的数据仓库及相关加工业务。商业银行可以通过处理共享数据资源来实现商业银行会计流程的优化。数据源是一个简单的数据，是通过在原始数据的基础上，形成的数据编码标准进行处理的过程和结果。根据商业银行管理的需要，通过调整显示多种对应关系，可以说在一定程度上实现商业银行资源的有效共享，减少信息不对称导致的不良影响。为满足商业银行各部门内外部商业银行信息的需要，会计流程需要贯彻到整个商业银行和整个商业银行的流程全过程中。因此，数据来源，会计工作内容应扩大，而不再仅限于商业银行经济内容划分，还应确定会计核算的内容。根据商业银行经营活动的需要，根据商业银行的具体需求，可有多种分类方法。当然，软件在商业银行会计系统中的应用无疑是会计维度拓展的主要技术支撑。

第三，完善财务报告体系。信息时代，信息的及时性和有效性是市场战的关键，在具体的商业银行实施过程中，必须实现商业银行信息的同步获取和处理，提高商业银行信息分析的能力，拓展商业银行信息渠道的来源等。实现商业银行的信息集成，提供一个更全面的商业银行会计信息系统框架；同时，还实现了详细的分类和处理商业银行信息的流程。从信息的角度看，商业银行的信息可以分为常见的信息和个性化的信息，前者是商业银行所有员工需要看到信息，而且这一方面的会计信息普遍都是商业银行使用者关注的信息，后者是为商业银行提供更具针对性的信息源的决策信息，通过仔细的处理才能够实现。

（2）建立符合战略管理的商业银行会计信息核算系统。运用成本链对商业银行业务流程进行更深入的分析。综合商业银行信息管理账户共享存在的问题进行了深加工，虽然大致把握竞争对手的优势和劣势，并对商业银行可能的影响，采取统一的部门或在相应措施进行完善。通过构建这一完善的商业银行会计信息处理系统，需要利用基于账户管理规划的战略决策支持系统。通过分析商业银行的竞争对手的相关信息，传统的商业银行客户管理系统很难反映竞争对手的财务指标、产品类型、价格、市场活动等信息，各类商业银行的信息部门和疏散分布系统的差异造成了商业银行信息数据不能满足需要，而要解决这一问题就需要改进商业银行的战略定位问题，确定商业银行内部和外部使用交易的竞争优势，使商业银行综合账户管理信息系统越来越完善。

3. 提升内部信息处理水平

（1）及时收集商业银行内部管理系统相关信息。集中管理商业银行管理信息采集，简化商业银行信息数据的呈现，统一商业银行操作系统和软件工具，实现商业银行电子档案信息处理流程的规范化都可以确保商业银行的内部管理系统相关信息能够及时得到收集，也确保了相关信息的处理能够得到保障。这也为商业银行信息数据深加工、统一的认识和理解上级行的经营理念、经营目标和经营措施等提供了有力的支持，也进一步提高商业银行的会计执行到位，这样加快了商业银行信息系统响应速度，实现商业银行管理决策的科学化。

（2）纠正商业银行信息在具体管理应用中的偏差。商业银行的决策必须在准确的数据基础上进行，因此对商业银行数据质量的正确性、真实性和完善性进行分析是非常必要的。为了达到这一目的，商业银行应引入数据管理和处理系统，并利用计算机技术实现商业银行数据处理的自动化，并应充分减少人为因素对商业银行数据记录的影响。而在增强商业银行数据真实性的同时，应在设计商业银行会计管理系统时，充分了解并适应不同部门和业务的具体需求，以避免数据丢失或人为转化问题的发生。同时，还应充分利用网络技术的优势，利用及时收集的商业银行网络财务数据并针对上述数据进行不断的应用偏差纠正。

4. 完善绩效评价体系

（1）完善商业银行绩效评价体系。随着平衡计分卡绩效评价体系的引入，商业银行能够客观、全面地评价和考虑各部门，甚至特定员工的绩效，因此在这一基础上建立商业银行的绩效评价体系具备了一定的可行性。在应用平衡计分卡绩效评价体系进行商业银行的绩效评价时，可以考虑引入可视化方法，将枯燥而抽象的数据转化为图标形式，从而将商业银行目标和计划变得更加生动、直观。再例如，通过构建商业银行的战略地图，来表达对商业银行战略目标的使用。通过人们熟悉的地图图像，具体和全面地将商业银行的战略意图展现出来，这有利于直观的把握商业银行各类部门和信息以及人员之间的因果关系，从而减少数据和战略目标的文本分析复杂的过程，完成个人目标与银行战略高度统一。

（2）合理利用商业银行绩效评价体系。商业银行平衡计分卡绩效评价体系中最重要的在于如何进行商业银行的绩效考核指标选择。可以说，商业银行指标的选择是评价体系的核心环节，能够全面客观地定量地反映商业银行的实际情况，关键在于商业银行指标体系的权重选取和各项指标的具体设置。在设置指标的相关参数的过程中，应根据商业银行数据客观确定，不应掺杂任何的主观因素。数据的使用应参照商业银行的历史表现、历史评价指标和相应的商业银行客户评价反馈信息。同时，还应该参考商业银行竞争对手的绩效评价体系的相关参数，以便更好地适应商业银行的战略发展变化，对商业银行自身的评价体系进行客观的评价和综合的考量。

商业银行的绩效考核指标参数设置应符合客观规律，不能盲目追求数字增长导致参数设置过高，会导致商业银行员工失去信心而丧失参与绩效考核的积极性，这一评价指标体系也会在这一情况下失去了原有的意义。当然，也不能将商业银行的绩效考核目标设定得过于简单，则不能激发商业银行员工的积极性，也会导致出现商业银行员工工作积极性“走慢”的现象。要完善商业银行的绩效考核，建立指标，按照原则，寻求稳定，既要完成商业银行的考核目标，而且在一定程度上，以保护商业银行的利益，同时促进商业银行的发展。按照指标设置的原则，也能充分调动商业银行全体部门和员工的积极性，从而达到商业银行员工的目标和商业银行战略目标的一致和统一。在具体应用过程中，商业银行非财务指标也有显著的作用，虽然这一指标需要长期演进，但商业银行财务指标的提高将直接提高商业银行的竞争力和业绩。

二、企业战略管理会计在服务型行业的应用

（一）战略管理会计在服务型行业应用的必然性

服务型行业在近年来发展迅猛，在服务类型的各行各业中，市场竞争无比激烈，为了在市场竞争中保持不败之地，就必须运用战略管理会计为企业提供战略指导，提高企业的环境适应性。因此，服务型行业应用战略管理会计是大势所趋。

1. 增强核心竞争力

服务型行业与战略管理会计之间的联系是较为密切的，战略管理会计能为服务型行业提供强大的发展动力。在传统的服务型行业经营当中，墨守成规以及缺乏前瞻性和计划性的情况成为经营的最大弊端。就服务型行业来说，从业人员具有高度的流动性，所面临的市场环境比其他行业更具有风险性，所以需要更高层次的战略目标作为指导。传统的财务会计并不能为管理者提供战略支持，而战略管理会计能够应用价值链分析和平衡记分卡等方法对企业的竞争能力进行更为客观的分析评价，从而极大地提升企业的核心竞争力。

2. 提供信息支撑

服务型行业涵盖的范围是十分广泛的，像电信业、餐饮业、酒店，还有信息科技服务业等，这些行业中对信息的要求相对来说是比较高的。通常财务会计主要为企业提供财务信息，而战略管理会计能够提供更广泛且有用的信息，不仅提供关于企业内部的财务信息和经营业绩信息等，还能运用战略定价、战略成本、基于公开财务报表的竞争对手评价等方法来提供与企业战略有关的背景信息以及市场竞争对手的相关信息，比如经营业务、与战略成本有关的数据、市场占有率等非财务信息。因此，只有战略管理会计才能为服务型行业提供强有力的信息支撑。

3. 增强环境适应性

近年来，服务型行业已经占据国民经济的主导地位，并且服务型行业发展的速度也十分迅猛，因此其面临的市场竞争也日益激烈。在服务型行业中，如果不能很好地运用战略管理会计进行战略管理、决策、控制以及业绩的评价，只要在战略管理方面出现失误，很快就会被不断更新的市场所淘汰。战略管理会计完全可以支撑起竞争激烈的市场环境，它在宏观环境分析、价值链分析、产品以及客户获利能力分析等方面的优势，必然会使其在服务型行业中有更多应用的机会。

（二）战略管理会计在服务型行业应用的问题

目前，战略管理会计并未能在服务型行业得到广泛的应用，即使一些企业已经应用战

略管理会计，在应用的过程中仍然存在以下主要问题。

1. 战略管理会计理论在服务型行业普及程度不高

战略管理会计是随着时代的发展产生的，在 20 世纪 80 年代战略管理会计才出现，因此我国引入战略管理会计理论并应用于企业相对来说是比较晚的。到了 20 世纪 90 年代，我国非常少的一部分大型企业才开始尝试运用战略管理会计。至今为止，战略管理会计仍未形成一套完善的理论体系，它的普及程度和应用程度都远远低于财务会计学科。尤其是在服务型行业中，应用战略管理会计的企业可以说是凤毛麟角。由于太过于缺少理论的支持和实践的指导，导致其在服务型行业实施战略管理会计的过程中，就少了一定的整体性和全面性，在一定程度上限制了战略管理会计的广泛应用。

2. 战略管理会计对服务型行业环境要求较高

环境条件是战略管理会计能够应用的基础，并且对战略管理会计还具有推动的作用。如今服务型行业外部环境仍处于不稳定的状态，竞争仍日趋激烈，服务型行业中涌现越来越多的中小企业，而且一般的中小企业都只注重企业当前的利益，很少考虑企业的竞争力和未来的长期发展战略。在传统的管理会计思想下，企业侧重于对内提供管理会计信息，明显忽略了外部环境对企业经营及未来发展的影响。而且一般趋向成熟的公司才会开始涉及战略管理会计这一方面，公司与市场的关系仍然处于模糊状态，因此严重制约了战略管理会计的实际应用。

3. 部分服务型行业管理者缺乏战略管理的意识

在服务型行业中，大部分公司都缺乏战略管理的意识。尤其是在中小企业占据一半以上的服务型行业中，管理者与会计人员完全依赖于财务会计相关的数据报告，并不会从管理的更高层面去追求更高的经济利益。服务型行业主要是以人力为主的行业，不能像一般企业一样，认为把主要的人力、物力、财力都投入财务方面的工作中就能提高企业的经济利益，把战略管理会计仅仅看作一个附庸品，不能得到企业的重视。

（三）战略管理会计在服务型行业应用的对策

在竞争如此激烈的服务型行业中，战略管理会计在企业中的应用是必不可少的。因此，应针对战略管理会计在服务型行业运用过程中出现的问题制定相应的有效性措施，才能推动战略管理会计在服务型行业中的广泛应用。

1. 普及战略管理会计理论

对于战略管理会计的普及和完善，除了在国家层面要加大宣传力度和制定相应的政策，还可以成立战略管理会计的专门研究机构，会同会计学、管理学相关领域的一些资深学术专家，在分析企业实际应用战略管理会计中出现问题的基础上，结合战略管理会计理论深入研究企业针对性的问题，并总结普适理论和经验，完善战略管理会计理论，从而为战略管理会计在服务型行业中的广泛应用提供十分有效的理论支持。在服务型行业中，各企业也要认识到运用战略管理会计能带来的利益和优势，并结合企业自身的特点，形成一套完全符合企业特点的战略管理会计模式。

2. *营造战略管理会计的应用环境*

在新的经济发展下，服务型行业的市场环境越来越复杂，在面对环境中不适应战略管理会计发展的各种因素，我国必须先完善相关的法律法规，通过日渐完善的市场机制提供一个更加规范、公平、公正的竞争环境，从而为战略管理会计应用提供适宜的发展空间。另外，服务型企业要从应用战略管理会计成功的案例中不断吸取经验和教训，总结战略管理会计理论与实践应用的不足并逐渐完善，不断指导服务型行业中应用战略管理会计的实践。

3. *强化服务型行业战略管理的意识*

战略管理会计在应用实施的过程中，管理者起到了至关重要的作用。在竞争激烈的市场环境下，管理者要具有战略性的思想，考虑企业长远的发展，并且善于把握市场机会。但是在服务型行业中，其管理者大部分的战略管理思想都有待提高。所以，企业要加大对管理者的战略管理理论学习和认识，在强化理论知识的同时虚心向成功应用战略管理会计的企业学习，并与同行业的管理者共同交流，进一步推进战略管理会计的发展。同时，可以在企业中建立战略管理会计的知识共享平台，管理者和员工共同学习、共同讨论，在提高员工理论知识的同时，也能为企业培养和选拔优秀的战略型及管理型人才。

第三节　人工智能在战略管理中的应用

在当今快速发展的商业环境中，人工智能（AI）正逐渐成为战略管理领域的重要工具和资源。随着大数据、云计算和先进的算法不断推进，AI 的应用正在改变着企业的战略决策制定和执行方式。在战略管理中，人工智能可以发挥重要作用，从辅助决策到提供创新解决方案，为企业寻找竞争优势和业务增长的机会。

一、信息处理和决策支持

当代企业正面临着数字化时代的海量数据，这些数据来自多个渠道，如销售数据、市场趋势、社交媒体活动以及供应链信息等。AI 技术在这一领域的应用为企业带来了革命性的转变。

AI 在信息处理方面的作用不仅仅是处理大数据，更重要的是通过深度学习和模式识别等技术，从数据中挖掘出深层次的信息和洞察。举例而言，零售行业的企业可以利用 AI 对消费者购买行为进行分析，了解他们的购买习惯、偏好以及购买时间等。通过这些分析，企业可以预测热门产品，从而调整库存管理策略，确保热门商品的充足供应，同时避免库存积压的问题。

此外，AI 在决策支持方面也发挥着重要作用。在战略决策的制定过程中，企业需要面对诸多不确定因素，如市场波动、竞争压力、技术变革等。AI 可以对这些不确定性因素进行模拟和预测，为企业提供决策的支持和依据。例如，企业可以利用 AI 模型分析市场趋势和竞争对手行为，预测不同决策方案可能带来的影响，从而帮助管理层做出更明智的决策。

在这一过程中，AI 不仅仅是一个数据处理工具，更是一个智能决策伙伴。它能够分析庞大的数据集，发现隐藏在数据背后的规律和趋势，帮助企业更准确地理解市场、客户和竞争对手的行为。通过与人工智能的合作，企业可以更加敏锐地捕捉市场机会，更有信心地做出关键决策，并更快速地适应市场的变化。

二、创新和业务模式的变革

AI 技术的能力不仅局限于数据处理和决策支持，它还在创新领域展现出了巨大的潜力。通过深度学习、机器学习等技术，AI 能够挖掘数据中隐藏的模式和趋势，为企业的创新提供宝贵的启示。

AI 可以通过对大量市场数据的分析，发现消费者行为的变化趋势，识别新的市场机会。例如，一家电子产品制造商可以利用 AI 分析消费者的购买偏好和使用习惯，发现新兴的技术趋势，从而引导其研发团队开发符合市场需求的新产品。

AI 可以在产品创新方面提供有力的支持。通过分析消费者的反馈和评价，AI 可以洞察到产品的不足之处，从而引导企业进行改进和创新。例如，一家汽车制造商可以利用 AI 分析消费者的反馈数据，了解用户对现有汽车功能的满意度和不满意之处，进而设计出更符合消费者期望的新型汽车。

AI 可以助力企业设计全新的商业模式。它可以分析市场生态、竞争格局以及消费者需求，提出创新的商业模式建议。例如，共享经济的兴起就受益于 AI 技术的应用，通过对大量用户数据的分析，平台可以实现资源的优化配置，为用户提供更便捷的共享服务。

在互联网行业，许多公司已经充分利用了 AI 的创新能力。通过对用户数据的深入分析，这些公司不仅改进了现有产品和服务，还推出了许多令人惊喜的新创意。例如，智能个性化推荐系统可以根据用户的兴趣和行为，向其推荐最相关的内容，提高用户体验；智能客服系统可以通过自然语言处理技术，实现自动化的客户服务，提高服务效率。

三、风险管理和预测

风险管理是企业成功的关键要素之一。AI 可以通过大数据分析，识别出潜在的风险和挑战，为企业提供及时的预警信息。以金融领域为例，AI 可以通过分析金融市场的历史数据、宏观经济指标等，预测市场波动和金融风险，从而帮助投资机构制定风险管理策略，降低投资风险。

AI 可以通过模拟和预测分析，帮助企业做出灵活的战略规划。它可以构建多种可能的市场情景，模拟不同的决策结果，预测每种情景下的影响。例如，一家制造企业可以利用 AI 技术模拟不同的生产方案，预测每种方案的成本、产能和市场反应，从而找到最佳的战略路径。

另外，AI 可以应用于更具体的领域。以供应链管理为例，AI 可以分析供应链各个环节的数据，识别可能的瓶颈和风险点，从而优化供应链设计，确保产品的及时交付。又如，在医疗行业，AI 可以利用医疗数据和疾病模型，预测患者的健康状况，帮助医疗机构进行资源调配和治疗决策，降低医疗风险。

除了预测性分析，AI 还可以在风险应对方面提供支持。当风险事件发生时，AI 可以实时监测数据，帮助企业快速做出反应。例如，网络安全领域的企业可以利用 AI 来监测网络流量，及时识别并应对潜在的网络攻击。

第三章 预算管理的方法和应用

第一节 预算管理的工具和方法

一、预算管理的工具——全面预算管理

“在市场经济体制下，预算管理是企业管理中的重要组成部分，对企业战略目标的实现有关键性影响。”① 任何一个企业所拥有的人力、物力和财力都是有限的。因此，要正确地分配和使用这些资源，为企业创造最大的经济效益，是一个需要综合权衡、合理规划的重要问题。企业的目标可以概括为生存、发展和获利。为了实现企业目标，需要消耗人力、物力和财力等有限的资源。要正确地分配和使用这些资源，实现企业目标，就必须借助一定的手段。这些手段包括制定企业战略、制订企业经营计划和实施全面预算管理等。

全面预算管理不仅是一种工具，更是企业决策和运营的战略性支持系统，它在帮助企业实现可持续发展和应对市场挑战方面发挥着不可忽视的作用。全面预算是指把企业全部经济活动的总体计划，以表格的形式反映出来的一系列文件，亦即全面预算就是企业总体规划的具体化和数量化的说明。数量和货币金额是预算的反映方式，通常是以货币金额为主，以数量单位为辅。预算所覆盖的未来期间的长短叫作预算期，通常是一年、一季或一月。预算依预算期的长短不同分别称为年度预算、季度预算或月度预算。当预算跨年度时，我们称之为长期预算，反之则称为短期预算。前者如购置大型设备或扩建、改建、新建厂房等的长期投资预算等。

企业预算、企业战略和经营计划本质上都是企业目标实现的手段，但它们也有区别。从总体上看，企业预算必须服从企业战略的指导，从属于企业战略的需要；企业预算纵然包含很多计划的内容，但它不只是计划，而是将事前计划、事中控制和事后考核融为一体的重要管理活动。

---

①姚瑶．企业预算管理问题分析［J］．行政事业资产与财务，2023（7）：76.

（一）全面预算管理的流程

全面预算管理，是指企业围绕预算而展开的一系列管理活动，包括预算编制、预算执行、预算调整、预算分析和预算考评等多个流程，形成了闭环管理。

1. 预算编制

全面预算管理由若干个密切联系的环节组成，从编制到执行，从考核到奖惩，任何一个环节的疏漏都会造成管理上的失误，甚至出现重大的经营管理失败。因此，对全面预算管理的每一个组成部分都要给予足够的关注，而在环环相扣的各部分中，预算的编制无疑是整个全面预算管理体系的基础和起点，没有经过精心准备的合理而明确的预算，以下的各阶段工作也就无从开展。

通常，全面预算可以采用自上而下、自下而上或上下结合的编制方法进行编制。整个过程一般包括：①由高层管理者提出企业总目标和部门分目标；②各级责任单位和个人根据一级管理一级的原则据以制订本单位的预算方案，呈报分部门；③分部门根据各下属单位的预算方案，制订本部门的预算草案，呈报预算委员会；④预算委员会审查各分部预算草案，进行沟通和综合平衡，拟订整个组织的预算方案；⑤预算方案再反馈回各部门征求意见。经过自上而下、自下而上的多次反复，形成最终预算，经企业最高决策层审批后，成为正式预算，逐级下达各部门执行。

2. 预算执行

预算编制完成后，需要经过预算的分解、下达和具体讲解等准备步骤来保证预算的有序执行，保证预算体系运转良好。

预算开始执行之后，必须以预算为标准进行严格的控制：支出性项目必须严格控制在预算之内，收入项目务必要完成预算，现金流动必须满足企业日常和长期发展的需要。预算控制的内容就是预算编制产生的各级各类预算，即经营预算、资本支出预算和财务预算。预算的执行与控制是整个预算管理工作的核心环节，需要企业各部门和全体人员的通力合作。

3. 预算调整

预算刚性随企业的不同而不同，但是在不同的环境下，僵化地执行一项预算将会导致不良后果。管理层不应将预算作为其唯一的经营指导方针，定期调整预算可以提供更好的经营指南。当然，一旦预期预算会定期调整，有些管理者可能就不会很认真地编制预算。允许定期调整预算的企业应确保预算调整的门槛设置得足够高，以使员工能尽可能有效地工作。在定期调整预算时，应保留原始预算的副本，以便在这一时期结束后同实际结果相比较。

4. 预算分析

在预算执行过程中和预算完成后，一个尤为重要的环节便是预算分析。预算分析是对预算执行中产生的各种实际与预算的差异以及有利与不利差异等的分析。

在分析实际和预算差异的时候，一般按照这些步骤进行：①对比实际业绩和预算目标找出差异；②分析出现差异的原因；③提出恰当的处理措施。其中，预算执行过程中的差异分析，可以根据周围环境和相关条件的变化，帮助调控预算合理且顺利地执行；预算完成后的差异分析，则可以总结预算完成情况，帮助评价预算期间工作的好坏，进而为企业评价激励制度的公平有效提供数据依据。

预算分析贯穿于预算管理的全过程，既为预算的执行与控制明确了工作重点，也为下期预算的编制提供了丰富的经验。

5. 预算考评

预算考评，是对企业内部各级责任单位和个人预算执行情况的考核与评价。对预算的执行情况进行考评，监督预算的执行、落实，可以加强和完善企业的内部控制。在企业的全面预算管理体系中，预算考评起着检查、督促各级责任单位和个人积极落实预算任务，及时提供预算执行情况的相关信息以便纠正实际与预算的偏差，有助于企业管理机构了解企业生产经营情况，进而实现企业总体目标的重要作用。同时，从整个企业生产经营循环来看，预算考评作为一次预算管理循环的结束总结，为下一次科学、准确地编制企业全面预算积累了丰富资料和实际经验，是以后编制企业全面预算的基础。

（二）全面预算的作用体现

1. 落实企业战略目标

以价值形式和其他数量形式综合反映企业未来计划和目标等各方面信息的全面预算，是全面、具体落实企业战略目标的具体行动方案与控制制度，它通过对企业的生产、销售、分配及筹资等活动确定明确的目标，进而据以执行与控制，分析并调节差异，指导企业在市场竞争中趋利避害，以全面实现企业战略目标。

2. 完善企业的管理机制

全面预算管理通过对企业各部门和成员在预算编制、执行与控制、考评与激励等过程中责、权、利关系的全面规范，将企业管理机制具体化、数量化、明晰化；通过以市场为起点的研究和预测，将外部市场竞争和风险与企业内部管理机制联系起来，使预算成为一种自动有效的平衡系统，而不仅仅是单纯的管理手段，有助于完善企业管理机制，为优化企业治理结构提供了切实保障。

3. 明确各部门工作目标

全面预算管理的过程就是将企业的总体目标分解、落实到各部门的过程，从而使各部门都明确自己的工作目标和任务。企业的总体目标只有在各部门的共同努力下才能得以实现，通过全面预算管理可避免各部门忽视企业总体利益，仅片面追求部门利益的现象。而且，明确各部门的工作目标还可以起到两个作用：①引导，即引导企业的各项活动按预定的轨道运行，防止出现偏差；②激励，即最大限度地发挥企业员工的积极性，使其创造出最大的经济效益。

4. 协调各部门间的工作

企业外部环境和内部条件、资源配置的冲突，长远目标和短期目标的冲突，企业不同部门之间的冲突，整体目标和部门目标及个人目标的冲突等都可以通过全面预算管理来进行协调。

5. 控制各部门经济活动

预算的控制职能贯穿于整个经营活动过程中：通过预算编制，可以进行事前控制；在预算的执行中随时发现差异，及时调整或纠正，进行事中控制；预算考评和总结经验教训则是一种事后控制。

6. 考评各部门的业绩

预算用定量的形式说明整个企业及各管理部门、各员工应务必达到的标准，这种标准是评价每个部门和每个员工工作业绩的依据。对各部门成绩的考核是企业管理体系的一项重要内容，具体来说有两个方面的含义：一是对整个企业经营业绩的评价；二是对企业内部各管理部门、每一位员工的业绩进行评价。经企业确定的各项预算数据可以作为评价各部门、员工工作情况的标准。各部门应对实际与预算标准之间的差异进行详细的分析，根据实际情况进行总结，或在企业范围内统一调整预算，或改进本身的工作，以减少未来期间差异的发生。

（三）全面预算的具体编制

在市场经济环境中，企业的生产经营预算通常是在销售预测的基础上，首先编制销售预算，然后根据“以销定产”的原则，依次编制生产预算、直接材料预算、直接人工预算、制造费用预算、产品成本预算、销售费用及管理费用预算等。企业的财务预算是在生产经营预算和资本支出预算的基础上编制出来的。全面预算一般一年编制一次。以下就各项预算的编制方法分别加以说明：

1. 销售预测和销售预算

（1）销售预测。在编制销售预算之前，需要一份准确的销售预测。销售预测是企业对预算期销售额的主观估计。销售预测不仅要考虑销售的历史趋势，还要考虑经济和产业状况指标，如企业战略、市场占有率、竞争者的行为、不断上升的原材料和人工成本、定价策略和信用政策、广告与市场营销的投入额、未履行的订单数量、销售渠道及潜在客户前景等因素。

销售预测的基本方法，包括定量分析方法和定性分析方法两大类。定量分析方法包括算术平均法、移动平均法、加权平均法、平滑指数法、时间序列回归法、一元直线回归分析法等。定性分析方法包括专家判断法、市场调查法等。这些销售预测技术可以参考统计学相关知识。

销售经理对其所负责的市场以及该市场中的客户最为了解，在确定最终销售预测的细节内容时，应通过充分的沟通并利用销售经理的这些经验知识。

（2）销售预算。销售预算是全面预算的起点，几乎其他所有预算都或多或少地使用了销售预算中的数据。销售预算包括产品的名称、销售量、单价、销售额等项目。出于战略的要求，企业还需从地区、客户、渠道、销售部门、销售人员等角度来编制销售预算。为方便编制现金预算，在销售预算中一般还附有预计现金收入表，预计现金收入数应为上期销售收入中本计划期应收到的款项与本期销售收入中应在本期收到的款项之和。

2. 生产预算

销售预算确定后即可根据计划期的销售量制订生产预算。由于企业一般都要备有一定数量的存货以应付临时需要，因此，每期生产数量与当期销售量不一定相等，应采用公式计算：本期生产数量=本期销售量+期末产成品存货数量-期初产成品存货数量。

对期末产成品存货数量的预算对企业来说非常重要，如果期末剩余存货过多，则既占用大量资金，又会增加仓储、保管等方面的费用，造成浪费；存货太少又可能造成下期生产过于紧张，甚至无法满足销售需要。因此，必须对期末存货数量进行合理安排。

3. 直接人工预算

直接人工预算是根据生产预算编制的，用于对计划期内直接生产工人的人工耗费进行规划，以便合理进行人员安排以满足生产需要。如果事先不对此做好准备可能会出现由于人手短缺而影响生产的情况，而临时招聘工人，有两个方面的影响：一则可能付出较高的代价；二则工人未经必要培训匆忙上岗会造成生产效率的降低。

制定直接人工预算的主要依据是单位产品直接人工工时耗用量、生产量、单位工资率。

4. 直接材料预算

根据生产预算可以编制直接材料预算，用于反映生产过程中直接材料的需要量。直接材料预算的主要依据是计划期生产数量、单位产品直接材料耗用量和直接材料单位价格。

同产成品一样，直接材料购买数量也可利用公式计算得出：本期购买材料数量=本期生产耗用材料数量+期末材料存货数量-期初材料存货数量。

为便于编制财务预算，直接材料预算中一般附有预计现金支出表，反映在各期内为本期和上期购买的直接材料支出的现金数。

直接材料预算中，期末直接材料存货数量用下期直接材料总耗用量乘以一定比率计算得出，本例中为10%；年末直接材料存货数量为估计数字；期初直接材料存货数量即上期的期末直接材料存货数量。

5. 产品成本预算

根据预算中的数据可以编制产品成本预算。制订产品成本预算的目的有两个：①确定在预计利润表中的销货成本数据；②确定在预计资产负债表中期末产成品存货的价值。产品成本预算中年末产成品存货成本部分也可以单独编制预算。

6. 制造费用预算

制造费用预算是根据生产预算编制的，是对生产成本中除直接人工费用和直接材料费用外其他生产费用的规划。制定制造费用预算的主要依据是计划期预计生产量、制造费用标准耗用量和标准价格。

编制制造费用预算时，首先应根据制造费用的成本习性将其划分为变动制造费用和固定制造费用，然后分别编制预算。对于变动制造费用，应预先确定其各费用项目的单位标准耗用额（单位工时变动制造费用耗用率或单位产品变动制造费用耗用率），用单位标准耗用额乘以计划期生产量或预计工时耗用量就可得到各项变动制造费用的预算额，加总后求出变动制造费用预算总额。各项变动制造费用单位标准耗用额之和即为变动制造费用分配率，根据变动制造费用分配率和各季度的预计产量可将全年的变动制造费用分配到各个季度。固定制造费用在企业生产能力一定的情况下是固定不变的，因此在制订其预算时应根据计划期所需生产能力水平并结合以往经验确定各项固定制造费用预算，但为了编制产品成本预算仍应计算出固定制造费用分配率。混合制造费用则应先分解为变动制造费用和固定制造费用，然后分别列入预算中的变动费用和固定费用部分。

为了便于编制现金预算，制造费用预算中应包括预计现金支出表。在计算支出金额时应该注意的是，折旧费用虽然包括在固定制造费用之中，但并没有导致计划期的现金支付，因此应从制造费用中扣除。

7. 销售费用及管理费用预算

销售费用及管理费用预算是对计划期内发生的生产成本以外的一系列其他费用的预算。其中，销售费用预算是指对为实现销售而需要支出的费用所做的预算，它以销售预算为基础，在制订时应对过去发生的销售费用进行细致分析，并运用本量利分析等方法分析销售收入、销售利润与销售费用之间的关系，以合理安排销售费用，使之得到最有效的使用。管理费用预算是对企业运营过程中需要支出的管理费用的预算，在编制时应以过去发生的实际支出为参考，结合企业的业务情况分析，努力做到使费用支出更合理、更有效。如果销售费用及管理费用预算包括的项目太多，也可以对各部分分别编制预算。

在编制销售费用及管理费用预算时应区分变动费用与固定费用，对于变动费用，可以根据销售量在各季度之间分配；固定费用则可以在四个季度中平均分配，或列入实际支付的季度。混合成本则应在分解为变动费用与固定费用后分别列入预算的变动部分和固定部分。

8. 资本支出预算

资本支出预算是规划未来期间选择和评价长期资本投资活动（如固定资产的购建、扩建）的相关原则和方法步骤的预算。简要来说，成功的资本投资应该遵循以下顺序：

（1）投资意向和提案的产生。

（2）估计战略、市场和技术因素，预计现金流量。

（3）评价现金流量。

（4）在可接受标准基础上选择项目。

（5）执行计划。

（6）在投资项目的现金流量和经济状况被接受以后，不断地重新评价，或进行事后审计。

所以，资本支出预算就是对上述步骤在未来期间做一个全面考虑，并把相应指标量化，供管理人员进行决策。企业资本支出预算编制时的评价和专业水平需要到什么层次，由企业的规模以及资本支出的规模和甄选标准决定。资本支出量越大，需要进行的甄选层次就越多。分公司的经理人员有权决定本公司内部中等规模的投资项目，更高级别的管理人员可以通过更大型的投资。企业与企业之间的投资提案甄选管理程序各不相同。集权和分权的企业之间，紧凑型和松散型管理的企业之间，各级管理人员的决策权都有很大的区别。

9. 现金预算

现金预算将前面述及的各项预算中的数据综合在一起，反映计划现金收支及筹措、运用情况。现金预算包括四个部分：现金收入、现金支出、现金多余或不足及资金融通。

（1）现金收入，包括计划期的期初现金余额及计划期内的预计现金收入。计划期内预计现金收入的数据主要来源于销售预算。

（2）现金支出，是指在计划期内付出的全部现金，包括用现金支付的材料采购费用、直接人工费用、制造费用、销售费用、管理费用、固定资产购置费用，以及所得税支出和股利的发放等。其数据来源于前面介绍过的各项预算。

（3）现金多余或不足，反映现金收入与支出之间的差额。如果现金收入小于支出，即发生现金不足，企业需要向银行或其他单位借款以应付现金的需要；如果现金收入大于支出，即发生现金多余，企业则应考虑如何安排多余的现金，如用于进行短期投资，或用于归还借款。

（4）资金融通，是对计划期内出现现金多余或不足时所做的具体资金安排，包括向银行借款、偿还借款及利息、对外进行短期投资、收回投资及利息等。对计划期内的资金融通预先做安排，可以避免企业在需要用款时由于现金短缺而陷入麻烦，还可有效利用暂时多余的资金进行投资获取利益。

现金预算是企业预算的一个重要部分。为了对现金收支进行有效的控制，企业应尽可能缩短现金预算的编制期间。大多数企业按月或季编制现金预算，有些企业则按周甚至天编制预算。

为了满足临时性现金需要，企业要保持一定的现金持有量，我们称之为最低现金余额。因此，在现金收入大于支出但余额低于最低现金余额时，也应向银行或其他单位借款以补足余额；将现金用于对外投资或偿还借款等，也必须以剩余现金达到最低现金余额为限。

10. 预计利润表

预计利润表是整个预算体系中的重要组成部分，从中可以了解企业的预计利润水平，该水平将被当作衡量企业实际表现的参照标准。它的格式与实际利润表相同，只是数据来源于上述各项具体预算而不是实际。

预计利润表中的“所得税”金额是在对企业利润进行预测分析时估算出的，并非通过预计利润表中的利润总额与所得税税率计算得出。这是由于该项支出已列入现金预算，并对利息费用产生影响，而预计利润表又利用了现金预算的有关数据，如果在编制预计利润表时根据利润与所得税税率重新计算所得税，就需要根据计算出的新结果修改现金预算，继而影响现金预算中的有关数据并反过来对预计利润表产生影响，结果又要修改预计利润表，如此一来就会陷入无休止的循环修改之中。

11. 预计资产负债表

预计资产负债表的内容、格式与实际的资产负债表相同，但反映的是预计计划期期末的财务状况。预计资产负债表是根据计划期的销售预算、生产预算等具体预算对期初资产负债表进行适当调整而编制的。

二、全面预算编制的主要方法

“全面预算管理是应用在企业预算管理领域的管理会计工具。”① 全面预算编制的方法主要有固定预算法、弹性预算法、零基预算法、滚动预算法和概率预算法等多种方法。

（一）固定预算法

固定预算法是指以计划期某一确定的业务量水平为基础计算各项预计指标的预算编制方法，也称为静态预算法。

固定预算法的缺点是，每当实际发生的业务量与编制预算所依据的业务量发生差异时，各项与业务量紧密相关的预计项目的实际数与预算数就没有可比性。此时要进行比较，就必须根据实际业务量对原预算予以调整。

（二）滚动预算法

滚动预算法又称连续预算或永续预算，是指按照“近细远粗”的原则，根据上一期的预算完成情况，调整和具体编制下一期预算，并将编制预算的时期逐期连续滚动向前推移，使预算总是保持一定的时间幅度。简单地说，就是根据上一期的预算指标完成情况，调整和具体编制下一期预算，并将预算期连续滚动向前推移的一种预算编制方法。滚动预算的编制可采用长计划、短安排的方式进行，即在编制预算时，可先按年度分季，并将其中第一季度按月划分，编制各月的详细预算，其他三个季度的预算可以粗一些，只列各季总数，到第一季度结束前，再将第二季度的预算按月细分，第三、四季度及下年度第一季度只列各季总数，依此类推，使预算不断地滚动下去。

（三）弹性预算法

弹性预算法就是在编制费用预算时，预先估计计划期间业务量可能发生的变动，编制出一套能适应多种业务量水平的费用预算，以便分别反映在各该业务量情况下所应开支的费用水平。由于这种预算法反映了多种业务量所对应的费用开支水平，其本身具有弹性，

---

①赵鑫．探析企业中的全面预算管理［J］．山东纺织经济，2023，40（4）：26.

故称弹性预算法，亦称动态预算法。与固定预算法相比，弹性预算法便于考核预算的实际执行情况。

由于制造费用预算和销售费用及管理费用预算中均包含了变动费用和固定费用两部分，所以在编制弹性预算时，需要根据业务量的变动对变动费用加以调整。

（四）零基预算法

传统的编制预算是以基期各项费用项目的实际开支水平为基础，考虑计划期间可能的变动来编制的。如果编制费用预算是在原有基础上增加一定的百分比，就叫作增量预算法；如果是在原有基础上减少一定的百分比，就叫作减量预算法。这些传统方法的优点是简便易行；缺点是受过去基期预算的约束，往往容易造成浪费。为了克服这个缺点，零基预算法应运而生。

零基预算法起源于美国，是以零为基础编制预算的方法，现在认为是管理间接费用的有效方法。零基预算法与传统的增量预算法或减量预算法截然不同。采用零基预算法，在确定费用预算数时，根本不考虑基期的费用开支水平，而是一切以零为起点，重新考虑各个费用项目的必要性及其开支水平。编制零基预算的步骤如下：

第一，根据企业计划期间的总目标和各部门的具体任务，分析确定一个详细的费用开支计划，分别对每一费用项目说明其目的及其需要开支的费用数额。

第二，对每一项费用进行必要性和成本效益分析，以便对费用开支计划进行评价，实施费用预算的事前控制；然后在对各个费用开支计划权衡轻重的基础上，分成若干层次，排出先后顺序。

第三，按照上一步骤所确定的费用开支的层次和顺序，结合可动用的资金来源，分配资金，落实预算。

零基预算的优点是不受现行预算的约束，可以促使各级管理人员发挥积极性和主动性，以利于促使各基层单位精打细算，厉行节约，合理使用资金，提高资金的使用效果；缺点是编制零基预算的工作量较繁重。

（五）概率预算法

分析编制预算所涉及的每一个变量可能出现的各种情况及其概率，计算其数学期望，进而以各个变量的数学期望为基础来编制的预算就是概率预算法。由于概率预算法考虑了各个相关因素变化的各种情况及其概率，更加符合实际情况，因而更加科学合理。

（六）作业基础预算法

作业基础预算法利用作业成本法原理来编制预算，它关注于作业而不是产品或部门。

根据作业成本法原理，企业可以根据不同作业类型（如单位作业、批次作业、产品线相关作业、能力相关作业）划分若干作业成本库，这样每个作业成本库都是由同质成本构成。因为每项作业都有其相应的成本动因，所以不同作业成本都随着各自成本动因量的上升或下降而成比例变化。企业可以将固定成本划分到同作业成本库中，将不同类型的变动成本划分到不同的作业成本库中。每次在编制全面预算时，企业都要对不同作业成本库划分的准确性做出评价。作业成本法理清了资源与作业之间的关系后，管理者就可以通过预测供应、设计、客户服务等不同作业变化对资源需求的影响，持续改善其预算编制的准确性。

作业基础预算法的主要优点是可以更准确地确定成本，尤其是在追踪多个部门或多个产品的成本时。但如果设计并维护作业基础预算系统的成本超过了由这一预算系统所带来的成本节约，作业基础预算法的潜在缺陷就会暴露无遗。因此，作业基础预算法最适合于在产品数量、部门数量及诸如设备调整等方面比较复杂的企业。这是因为当经营环境趋于复杂时，宽泛的传统成本法的效用就会大打折扣。

（七）项目预算

当某个项目完全独立于公司的其他要素或该公司的唯一要素时，我们就会用到项目预算。一艘货轮、一条高速公路、一架客机或其他主要资本资产都会用到项目预算。项目预算的时间框架就是项目的期限，但跨年度的项目应按年度分解以编制预算。在编制项目预算时，过去相似的成本项目预算可以作为标杆。项目预算的编制同全面预算一样，都是利用相同的技术并包含相同的组成要素；不同之处在于项目预算只关注与项目相关的成本，而全面预算关注整个公司的成本。间接费用预算被简化了，因为公司将一部分固定和变动间接费用分配到了项目中，剩余的间接费用不再在项目预算中考虑。

项目预算的优点，在于能够包含所有与项目有关的成本，比较容易计量单个项目的影响。无论项目规模的大小，项目预算都能很好地发挥作用。在处理比较小的项目时，许多个人及公司利用 Microsoft Project 等程序编制预算。当某些项目利用了与整个组织有关而不仅仅是与特定项目有关的资源和人力时，项目预算潜在的局限性就会显现出来。在这种情况下，项目预算及与这些资源中心相关并且受影响的个体将会拥有两个上级，这时就要注意成本的划分与职权结构。

第二节 预算管理的应用实践

企业预算管理的应用实践探索在企业财务与预算管理中是十分重要的一部分。应用实践探索可以使企业的预算管理不断地提高经济实力与经济效益。以下主要围绕企业经营预算管理、企业投资预算管理、企业财务预算管理这三部分内容进行分析：

一、企业经营预算管理的应用

在市场经济条件下，企业的生产经营活动一般都是“以销定产”的，与此相适应，经营预算编制也往往是以销售预算的编制为起点。各项预算编制要根据企业的预算编制方针和预算目标，遵循科学的原则，按照一定的编制程序和方法进行。其中，在编制方法上，可以根据不同的预算项目，分别采用固定预算、弹性预算、滚动预算、零基预算、概率预算等方法进行编制；在编制责任单位的划分上，应采取与企业组织结构相一致的划分方法，以便于预算的执行、考核和责任落实。

（一）经营预算编制概述

经营预算也称作业务预算、营业预算，是预算期内企业日常生产经营活动的预算，主要包括销售预算、生产预算、供应预算等生产经营活动预算。

从事生产经营活动是企业的基本特征和内容，因此，经营预算是企业全面预算的主体。就预算种类、数量和编制工作量而言，经营预算一般要占全部预算的80%左右。经营预算在全面预算中的重要性不言而喻。

1. 经营预算编制的任务

企业是以营利为目的独立从事生产经营活动的经济组织。工业企业的生产经营活动一般可分为供应、生产、销售三大环节，通过供应环节采购生产所需的材料物资，通过生产环节生产市场上需要的产品，通过销售环节将产品推向市场，在满足社会需要的同时以收抵支获得利润。因此，经营预算编制的基本任务如下：

（1）贯彻落实企业年度经营目标。企业年度经营目标的主要内容是销售收入目标和利润总额目标。要将经营目标由目标变为现实，一个很重要的环节就是通过编制经营预算将经营目标一一细化和落实。

（2）规划安排企业年度生产经营活动。通过编制经营预算将预算期内企业生产经营活动各个环节所需投入的人力、物力、财力，以及销售环节获得的营业收入，全部通过预算的方式进行统筹规划、全面安排。

（3）优化资源配置，提高经济效益。通过编制经营预算将企业的资金流、实物流、业务流、信息流、人力流等进行科学梳理、连接与整合，将企业有限的资源协调分配到能够提高经营效率、经营效果的业务活动中去，通过优化资源配置，提高经济效益，确保企业经营目标的实现。

2. 经营预算编制的方法

经营预算是全面预算编制的起点。在市场经济条件下，企业的生产经营活动一般都是“以销定产”的。与此相适应，编制经营预算要根据公司董事会及预算管理委员会提出的预算编制方针、编制政策和预算目标，以基期生产经营的实际状况为基础，综合考虑经济政策变动、市场竞争状况、产品竞争能力等因素，遵循科学合理、切实可行的原则，按照一定的编制程序和方法进行。基本方法如下：

（1）按照基本顺序编制。按照先销售预算、再生产预算、后供应预算的基本顺序编制经营预算。适应企业“以销定产”的需要，经营预算的编制一般以销售预算为起点，然后根据销售数量和库存产品的结存情况安排生产预算，最后编制保证生产活动顺利进行的各项资源供应和配置预算。但是，对于“以产定销”的企业来说，经营预算编制的起点一般是生产预算，然后“以产定销”安排供应预算和销售预算。

（2）按照基本程序编制。按照上下结合、分级编制、逐级汇总的基本程序编制经营预算。经营预算的内容涉及企业生产经营活动的方方面面，是企业预算期内从事销售活动、生产活动、采购活动、财务活动等生产经营活动的依据和指南。要提高经营预算的执行力，提高经营预算的可行性是关键。而要提高经营预算的可行性，就必须让经营预算具有广泛的群众基础。因此，编制经营预算必须遵循从基层来、到基层去的方针，严格履行自上而下、自下而上、上下结合、分级编制、逐级汇总的基本程序。

（3）按照基本步骤编制。按照先归集、再计算、后编制的基本步骤编制经营预算。全面预算的种类有很多，但编制的基本步骤大致相同，可分为以下三步：

第一步，收集基础资料。预算编制是否顺利，关键要看基础资料的准备是否充分和翔实，要针对预算项目的构成要素、影响因素、编制依据、编制要求等事项，有的放矢地归集、整理有关信息数据等基础资料。

第二步，计算预算指标。数字量化是预算的基本特征之一，通过计算确定预算指标是编制预算的基本环节。因此，要根据预算指标构成要素之间的逻辑关系，运用有关公式对收集到的基础资料进行加工、整理，反复测算、计算，核定出科学合理、切实可行的预算指标。

第三步，编制预算草案。在预算指标计算并确认结果无误的基础上，通过归纳、汇总，按照特定的格式要求编制各种预算草案。

（4）采用技术方法编制。采用恰当的技术方法编制经营预算。编制预算的技术方法有很多，每种技术方法都有其优缺点和适用范围。编制人员要本着遵循经济活动规律，充分考虑符合企业自身经济业务特点、基础数据管理水平、生产经营周期和管理需要的原则，针对不同的预算项目和预算内容，选择或综合运用固定预算、弹性预算、滚动预算、零基预算、概率预算等方法编制经营预算。

（5）按照内部组织架构落实预算编制责任。编制经营预算，落实编制责任是关键。按照“谁执行预算，谁就编制预算”的基本原则，应采取与企业内部组织架构相一致的划分方法落实预算编制责任，各部门负责人是预算编制的第一责任人。这种安排不仅有利于预算编制的顺利进行，也有利于预算的执行、控制、核算、考核和责任落实。

（6）将预算项目划分为付现项目与非付现项目。全面预算涉及的预算项目包罗万象，以是否在预算期内支付现金分类，可以将其划分为付现项目与非付现项目两大类。付现项目也称“现金支出项目”，是指在预算期内需要支付现金的预算项目；非付现项目也称“非现金支出项目”，是指在预算期内不需要支付现金的预算项目。划分付现项目与非付现项目的目的是汇总编制预算期的现金收支预算。

因此，在编制的各类预算中，凡是需要在预算期内支付现金的预算项目，都要将其汇总起来，单独设“付现项目”栏次予以列明；凡是没有设“付现项目”栏次的各类预算，一律视为在预算期内没有现金支付需要的预算项目。

（二）销售预算的编制

销售预算，是预算期内企业销售产品或提供劳务等销售活动的预算，主要依据年度经营目标、预测的市场销量或劳务需求、企业自身的产品生产能力与结构、预计市场价格等因素编制。在市场经济条件下，绝大多数企业需要根据产品在市场上的销售量来决定产品的生产量，然后根据产品生产量确定材料、人工、资金的需用量和各种费用的支出额。也就是说，企业的生产预算、人力资源预算、供应预算等经营预算都要受销售预算的制约。因此，销售预算是大多数企业编制全面预算的起点，也是编制其他经营预算的基础。

1. 销售预算的编制责任

销售预算的执行者是销售部门，按照让执行者参与预算编制的原则，销售部门理应是编制销售预算的主体。由于销售预算的编制直接关系到企业生产、采购、资金、费用的安排以及企业战略规划和经营目标的实现，因此，与企业销售活动相关的部门和人员都应参与销售预算的编制、审议与对接。其中，财务部门、生产部门、采购部门和储运部门是销售预算编制、审议、对接的主要力量，涉及成本方面的销售预算还需要以财务部门为主进行编制。

2. 销售预算编制的内容

销售预算，包括发货数量预算、销售收入预算、应收账款预算、销售成本预算、销售费用预算和销售毛利预算等销售活动的预算。其中，销售费用预算归类到期间费用预算中。

（1）发货数量预算。发货数量预算是预算期内企业向客户交付产品品种和数量的预算，主要内容包括客户名称、产品名称、规格型号、销售价格、发货数量和发货时间，反映了预算期内企业产品的发货规模。

（2）销售收入预算。销售收入预算是预算期内企业销售产品或提供劳务获得收入的预算，主要内容包括销售项目、销售数量、销售单价和销售收入，反映了预算期内企业的经营规模。

（3）应收账款预算。应收账款预算是预算期内企业应收账款发生额、回收额及其期初、期末余额的预算，主要内容包括客户名称、业务内容、期初余额、本期增加额、本期回收额、期末余额和货款回收的时间，反映了预算期内企业因销售活动而发生的应收账款增减变动和货款回收情况。

（4）销售成本预算。销售成本预算是预算期内企业销售产品或提供劳务付出成本的预算，主要内容包括销售项目、销售数量、销售单位成本和销售总成本，反映了预算期内企业的销售成本水平。

（5）销售毛利预算。销售毛利预算是预算期内企业销售收入减去销售成本后所剩余额的预算，主要内容包括销售项目、销售收入、销售成本和销售收入减去销售成本的余额。销售毛利是商业企业的一项重要指标，是商品销售收入扣除销售商品进价后的余额，又称商品进销差价。因其尚未减去商品流通费、税金和其他支出，还不是净利，故称销售毛利，反映了预算期内企业销售产品的差价及盈利水平。目前工业企业也普遍采用销售毛利的概念。

（三）供应预算的编制

供应预算是预算期内企业采购物资、储备物资、供应物资、储备和供应产品等一系列供应活动的预算。供应活动既是企业为生产活动采购物资、储备物资的准备阶段，也是企业为销售活动储备产品、供应产品的阶段。在供应活动中，企业用货币资金购买材料等各种物资，经过储存、备货、配送等一系列物流过程到达生产过程被产品生产活动消耗使用；材料、物资经过加工而改变其原有形态，它们或构成产品实体的一部分，或被消耗掉而有助于生产活动的进行，最终生产出来的产品又回到仓库储存，以保证产品销售活动的进行。

供应预算对于组织供应活动，保证生产活动、销售活动的顺利进行具有十分重要的作用，是企业预算期内采购、供应物资，控制采购成本，储备、供应产品，考核供应活动工作业绩的主要依据。

供应预算编制的主要依据是生产预算、销售预算所确定的产品产量、材料物资耗用量、产品销售量、预算价格、库存定额、材料物资供求关系等供应活动自身的特点，以及预算编制大纲和企业管理要求。

1. 供应预算的编制责任

供应预算的执行者是采购、仓储和销售部门，因此，采购、仓储和销售部门是供应预算编制的主体。由于企业的供应活动与生产活动、财务活动密不可分，生产部门和财务部门也是供应预算编制的参与者。

2. 供应预算编制的内容

供应预算涉及材料物资采购、材料物资储备和产品储备三个方面，具体包括产品存货预算、材料存货预算、采购预算、应付账款预算等与供应活动有关的预算。

（1）产品存货预算。产品存货预算是预算期内企业各种库存产品增加、减少及期初、期末余额的预算，主要内容是产品名称、期初余额、本期增加额、本期减少额、期末余额等，反映了预算期内企业各类产品存货的增减量和结存量。

（2）材料存货预算。材料存货预算是预算期内企业各种库存材料增加、减少及期初、期末余额的预算，主要内容是材料名称、期初余额、本期增加额、本期减少额、期末余额等，反映了预算期内企业各类材料存货的增减量和结存量。

（3）采购预算。采购预算是预算期内企业采购生产经营活动所需材料、物资种类、数量和价值的预算，主要内容是采购物资名称、计量单位、采购数量、采购单价、采购金额和采购时间等项目，反映了预算期内企业材料物资采购活动的总体安排。

（4）应付账款预算。应付账款预算是预算期内企业应付账款发生额、付款额及其期初、期末余额的预算，主要内容是供应商名称、业务内容、应付账款的增加、付款、结存等项目，反映了预算期内企业因采购活动而发生的应付账款增减变动和货款支付情况。

二、企业预算管理的应用策略

（一）不确定性和变化

在企业预算管理中，不确定性和变化是一对紧密相关的问题，它们对预算制定、执行和控制都带来了挑战。深入探讨这一问题可以帮助我们理解如何应对不确定性和变化，从而更好地实现预算管理的目标。

1. 不确定性

不确定性，是指未来事件的发展和结果无法准确预测的情况。在企业环境中，市场趋势、竞争动态、技术创新等因素都可能受到不确定性影响。这使得预算计划难以准确反映未来的情况，可能导致预算与实际情况不匹配。

不确定性的解决策略如下：

（1）敏捷预算管理。引入敏捷方法，将预算分为短期周期，定期进行审查和调整，以适应不断变化的情况。

（2）情景分析。制定不同的预算情景，考虑不同的市场变化和可能性，为不确定性做准备。

（3）灵活性和弹性。预算计划要考虑到多样化的情况，确保预算策略具有一定的灵活性和弹性，以应对意外情况。

2. 变化

变化，是企业环境中的常态，市场、技术和竞争等因素都在不断变化。这可能导致原本制定的预算计划变得过时，需要及时调整以适应新的情况。

针对上述变化的解决策略，具体如下：

（1）实时监控和反馈。使用技术工具和数据分析，实时监控实际绩效和市场情况，及时发现变化，并进行反馈。

（2）定期审查和调整。预算计划需要定期进行审查，根据市场变化和内部情况，调整预算策略和资源分配。

（3）持续学习和适应。预算管理团队需要具备持续学习和适应的能力，以及及时应对变化的决策能力。

3. 综合应对策略

（1）数据驱动决策。利用数据分析和预测，基于实际数据制定预算计划，提高决策的准确性和预测能力。

（2）多样性的预算情景。不只制定一种预算计划，而是考虑多种情景，为不同的变化做准备。

（3）敏捷团队和决策流程。建立敏捷的预算管理团队和决策流程，能够迅速做出调整，以应对变化和不确定性。

在面对不确定性和变化时，企业预算管理需要保持灵活性、适应性和敏捷性。通过合适的策略和工具，企业可以更好地应对外部环境的变化，保持预算计划的有效性和实际情况的匹配，从而实现预算管理的成功。

（二）资源分配的偏差

资源分配不均衡是企业预算管理中的一个常见问题，它可能导致某些部门或项目过度投入资源，而其他部门则可能因资源不足而受到限制。深入探讨这一问题可以帮助我们了解其根本原因以及如何实现更有效的资源分配。

1. 原因分析

（1）优先级不清晰。有时企业在资源分配时，缺乏对不同项目或部门的优先级排序，导致资源被分散或过度集中。

（2）信息不对称。部门间信息共享不畅，可能导致某些部门获得更多资源，而其他部门无法获得所需资源。

（3）政治因素。部门间的政治争斗和利益冲突可能导致资源不均衡的现象。

（4）缺乏绩效导向。如果资源分配不基于绩效评估，而是主观决策，就可能导致资源分配的偏差。

2. 解决策略

（1）明确优先级。确定企业的战略目标和优先事项，将资源分配与优先级相匹配。优先考虑那些对实现核心目标有最大贡献的项目或部门。

（2）数据驱动分配。建立绩效评估体系，基于实际绩效数据和指标，决定资源分配。这可以使资源分配更具客观性和公正性。

（3）跨部门协作。鼓励部门之间的协作和合作，分享信息和资源。这有助于避免资源的过度集中或浪费。

（4）透明决策过程。确保资源分配的决策过程透明，让所有相关方了解决策的依据和原因，减少政治因素的影响。

（5）预算弹性。预留一定的预算弹性，以便根据实际需求进行适度的调整。这有助于应对不可预见的情况。

3. 绩效驱动的资源分配

（1）制定绩效指标。为每个部门或项目制定明确的绩效指标，使其可以客观地衡量其贡献。

（2）定期绩效评估。定期审查各部门或项目的绩效，将实际绩效与预算目标进行比较，根据绩效情况进行资源调整。

（3）激励机制。建立与绩效相关的激励机制，鼓励部门或项目通过优秀绩效获得更多资源。

通过明确的优先级、数据驱动的分配、跨部门协作以及绩效导向的方法，企业可以更好地应对资源分配不均衡的问题。这将有助于实现更高效的资源利用，优化绩效，推动整体业务的健康发展。

（三）预算计划与执行偏差

预算执行落后是企业预算管理中的一个重要问题，它可能导致预算计划与实际执行之间出现差距，影响到业务目标的达成。深入探讨这一问题可以帮助我们了解其根本原因以及如何提高预算执行的效率和准确性。

1. 原因分析

（1）沟通不足。部门之间信息流通不畅，导致各部门对预算目标的理解存在偏差，影响执行计划。

（2）资源不足。部门缺乏所需资源，可能无法按照预算计划推进项目或活动。

（3）管理不当。缺乏有效的管理和监督，部门可能无法及时采取行动以保持预算的执行。

（4）缺乏动力。缺乏激励机制和绩效考核，可能导致部门对预算计划的执行缺乏积极性。

2. 解决策略

（1）明确沟通。确保预算目标和计划在各级部门之间明确传达和理解。建立跨部门的沟通渠道，确保每个部门都了解整体目标和计划。

（2）资源分配。确保每个部门拥有足够的资源，以便能够按计划执行活动。资源分配要基于实际需求和绩效评估。

（3）有效管理。强化管理和监督，确保部门按照预算计划推进活动。定期审查预算执行情况，及时发现问题并采取纠正措施。

（4）敏捷执行。引入敏捷方法，将预算执行分解为短期周期，以便更快地应对变化和调整计划。

（5）激励机制。建立与预算执行相关的激励机制，鼓励部门按照计划执行，通过绩效考核来奖励优秀执行情况。

3. 绩效评估和持续改进

（1）定期评估。对预算执行情况进行定期评估，将实际绩效与预算计划进行比较。识别绩效差距，并分析其原因。

（2）根本原因分析。探索导致预算执行落后的根本原因，可能是组织文化、流程问题或资源不足等。针对性地解决这些问题。

（3）持续改进。基于评估结果，采取持续改进措施，优化预算执行流程和方法。借鉴成功案例，推动整体预算执行水平的提升。

通过明确的沟通、资源分配、有效管理、敏捷执行和激励机制，以及持续的绩效评估和改进，企业可以提高预算执行的效率和准确性。这将有助于实现预算计划与实际执行的更好匹配，推动业务目标的实现。

（四）决策中的数据支持

在企业预算管理中，决策不明确可能导致预算计划的制定和执行出现困难，影响到业务的有效运作。深入探讨这一问题可以帮助我们了解决策不明确的原因以及如何改善决策过程以支持预算管理。

1. 原因分析

（1）缺乏准确数据。决策缺乏基于准确数据和信息的支持，可能导致预算计划不够准确。

（2）战略目标不清晰。如果企业的战略目标不明确，那么预算计划很难与战略保持一致。

（3）多样的决策者。不同部门和岗位的决策者可能有不同的理解和优先级，导致决策不协调。

（4）缺乏决策流程。缺乏明确的决策流程和责任分配，可能导致决策不明确和混乱。

2. 解决策略

（1）数据驱动决策。确保决策基于准确和全面的数据。建立数据分析能力，确保决策者能够在制定预算计划时有可靠的数据支持。

（2）明确战略目标。企业的战略目标需要明确并广泛传达，以确保预算计划与战略保持一致。

（3）决策流程和责任分配。建立明确的决策流程，定义各个决策者的职责和权限，以确保决策过程的透明和规范。

（4）跨部门协作。促进不同部门之间的协作和沟通，确保决策者之间对战略目标和预算计划的一致性理解。

（5）战略规划。将预算计划与战略规划紧密结合，确保每个决策都能够对战略目标产生积极影响。

3. 持续改进决策过程

（1）反馈机制。建立反馈机制，对已经做出的决策进行评估和反思，从中学习并改进决策过程。

（2）培训和发展。为决策者提供培训和发展机会，提高其决策能力和对战略目标的理解。

（3）创新方法。探索创新的决策方法，如数据分析、情景模拟等，以提高决策的准确性和可信度。

通过明确战略目标、建立决策流程、数据驱动决策以及持续改进决策过程，企业可以提高决策的准确性和明确性，从而更好地支持预算管理，实现业务目标。

（五）绩效评估指标与体系

在企业预算管理中，绩效评估不足可能导致无法准确地衡量预算计划的实际效果，从而影响到预算管理的效率和目标达成。深入探讨这一问题可以帮助我们了解其原因以及如何加强绩效评估，提升预算管理的效果。

1. 原因分析

（1）缺乏明确指标。缺乏明确的绩效指标和衡量方法，导致无法准确评估预算计划的实际效果。

（2）数据不完整。数据收集和整理不完整，可能导致绩效评估时数据的真实性受到质疑。

（3）评估频率低。预算绩效只在年底或某个特定时间进行评估，无法实时了解绩效情况。

（4）缺乏绩效导向文化。缺乏强调绩效的企业文化，可能导致绩效评估不被重视。

2. 解决策略

（1）明确绩效指标。为每个预算项目或部门设定明确的绩效指标，确保衡量标准一致性和可衡量性。

（2）数据质量保障。确保数据的准确性和完整性，建立数据质量管控机制，避免数据误导评估结果。

（3）实时监控和反馈。引入实时监控和反馈机制，确保预算绩效的持续跟踪和分析。

（4）绩效文化培养。培养绩效导向的企业文化，让每个员工都意识到绩效的重要性，从而提升绩效评估的意识和能力。

3. 绩效导向的方法

（1）KPIs 设定。为每个预算项目设定关键绩效指标（KPIs），以便衡量实际绩效。这些 KPIs 应与战略目标紧密关联。

（2）实际与预算对比。定期对比实际绩效与预算计划，分析差异，探索产生差异的原因。

（3）持续改进。基于绩效评估结果，制定改进计划，不断优化预算计划和执行策略。

4. 绩效透明和共享

（1）信息共享。在组织内部分享绩效评估结果，使得所有部门和员工都了解绩效情况，从而共同努力优化绩效。

（2）激励机制。建立与绩效相关的激励机制，鼓励员工和部门积极提升绩效，实现预算目标。

通过建立明确的绩效指标、保障数据质量、实施实时监控、培养绩效文化以及绩效导向的方法，企业可以加强对预算绩效的评估，确保预算计划与实际执行的一致性，从而推动业务目标的实现。

（六）部门间的协作与沟通

在企业预算管理中，沟通和协作不足可能导致不同部门之间信息不畅通、合作不充分，影响预算计划的制定和执行。深入探讨这一问题可以帮助我们了解其原因以及如何加强沟通和协作，提升预算管理的效果。

1. 原因分析

（1）信息孤岛。各部门之间信息孤立，无法及时了解其他部门的需求、计划和情况。

（2）部门壁垒。部门之间存在壁垒，可能因为利益冲突、文化差异等原因，导致沟通不畅。

（3）缺乏协作文化。企业文化中缺乏强调协作的元素，可能导致部门自行其是，不愿意共享信息和合作。

（4）沟通工具不足。缺乏适当的沟通工具和平台，影响信息传递和合作的效率。

2. 解决策略

（1）建立跨部门沟通渠道。建立明确的沟通渠道，让各部门能够及时分享信息和沟通需求，确保信息流通畅。

（2）跨功能团队。建立跨功能团队，将不同部门的成员汇集在一起，解决跨部门问题和合作机会。

（3）沟通培训。为员工提供沟通和协作的培训，提升他们的沟通技能和团队合作能力。

（4）协作工具和平台。引入适当的协作工具和平台，促进信息共享、项目协作和团队合作。

3. 强化协作文化

（1）领导示范。领导层要以身作则，展示积极的协作和信息共享态度，成为协作文化的榜样。

（2）激励机制。建立与协作和信息共享相关的激励机制，鼓励员工积极参与协作和信息传递。

（3）团队建设活动。定期组织团队建设活动，增进部门之间的合作和了解，减少壁垒和隔阂。

4. **技术支持和数字化**

（1）数字化沟通平台。建立数字化的沟通平台，促进信息的实时共享和交流，提高沟通效率。

（2）虚拟团队。利用技术支持，打破地理限制，建立虚拟团队，促进跨地区的合作和沟通。

通过建立跨部门沟通渠道、强化协作文化、利用技术支持等方法，企业可以加强沟通和协作，确保预算计划的制定和执行能够得到各部门的共同支持和合作，从而实现预算管理的成功。

第三节　人工智能在预算管理中的应用

预算作为公司核心管理方法之一，是通过对公司人、财、物等资源进行规划配置，以实现未来战略目标的手段。现阶段主流观点普遍认为全面预算管理框架体系可总结归纳为三大核心模块，分别为预算的编制、预算执行与监控、预算分析调整与考评。

一、人工智能在预算控制中的应用

（一）预算控制与资金预算控制

资金预算作为企业财务管理的重要组成部分，一直以来受到众多学者的广泛关注，其研究视野和思路也得以不断开拓。

1. **预算控制**

预算控制作为预算管理的一部分，只包括预算编制、预算执行与监控两部分，相比于预算管理其缺少预算分析调整与考评环节。预算控制是指在预算目标编制后，通过信息反馈持续监测一切经营活动是否偏离目标，从而为后续分析与考评提供决策依据。而预算管理则是除了预算控制，还包括后续分析调整与考评过程，通过对预算的执行结果进行分析，及时发现问题所在，从而调整预算计划与公司战略，并进行预算执行情况的考评。

（1）预算控制的内容。

首先，预算编制。预算编制是预算控制的首要环节。预算编制是预算执行与监控的基础，简单来说就是依据预算总目标和细化目标，将预算内容用数字具体化、数量化。一旦出现问题，将会影响后续执行与监测的效果。根据预算编制程序的不同，预算可分为自上而下、自下而上和上下结合的预算；根据编制方法的不同，预算可分为传统预算和弹性预算、零基预算和滚动预算、作业基础预算、战略预算等多种方法。

其次，预算的执行与监控。根据上一环节预算编制的结果，预算控制可进行下一环节，即预算执行与监控。预算执行是指按照预算计划，进行企业各项生产经营活动，包括从业务的审批下达到结束的全过程。预算监控是指企业在预算执行过程中，不断收集反馈信息，关注各项生产经营活动是否偏离预算目标，以及偏离情况是否处于容忍范围内。如偏离超出可容忍范围，则及时预警管理人员，减少不利影响。

（2）预算预测与监控的基本步骤和方法。预测分析通常分为目标确定、资料收集、方法选择、分析预测四个环节。

首先，根据企业总体经营战略目标，按照经营周期不同确定各期间预算目标，作为划定数据资料来源、选择预测方法、制定预算计划的依据。

其次，收集相关资料。在预测目标确定后，可开始着手收集梳理经济、市场、技术等相关资料数据，包括但不限于历史与现在的纵向数据、市场同业及上下游行业的横向数据、国内外市场经济发展趋势等。尽可能全面收集到各项数据后，再进行梳理、归纳、筛选，为后续发现目标相关指标之间的规律性奠定基础。

再次，选择预测方法。不同的预测方法对应不同的用途，根据预测对象、目标、收集资料的不同，应选择对应的预测方法。预测分析方法大致可分为两类，定性分析和定量分析。定性分析是指对于缺少资料的预测对象，需要凭借有经验的管理人员、财务人员、销售人员和工程技术人员通过主观分析判断，预测对象未来状况和发展趋势，主要包括德尔菲法、集合意见法等。定量分析是指对于资料齐全的预测对象，可以采用通过数据建模和回归等统计学方法，分析计算出预测对象与数据信息之间的规律，从而预测未来具体数值，主要包括趋势预测法和因果预测法。

最后，对预算进行分析预测。根据上一环节选择的预测方法，通过比对预测误差，以判断预测方法是否恰当有效，是否需要及时更改，并根据预测结果做出科学的预测结论。

预算监控方法通常是，在企业各部门严格依据执行预算标准处理业务的同时，健全凭证记录，实行预算执行情况内部报告制度。各预算执行部门需建立预算管理表，根据不同的预算项目详细记录预算金额、实际金额、差异金额、累计预算金额、累计实际金额、累计差异金额。各部门需定期报告预算的执行情况至管理层，同时，财务管理部门也通过编制财务报表监控预算执行情况，并定期向管理层提交财务报表，汇报预算的执行进度、执行差异及对企业预算目标的影响等信息，管理层根据预算监控结果调整预算计划。

（3）预算控制的作用。

首先，助力后续分析与考核。预算的编制过程能够为公司设定合理期间业绩指标提供可供参考的数据信息，且预算执行结果为后续业绩考核奖惩提供重要参考依据。预算监控能够及时了解公司各部门资源使用及需求情况，可作为资源合理利用的维护手段，降低了公司非必要的成本及其相关经济损失。通过各部门信息数据间的整合汇集，预算控制能够提升预测异常情况的及时性，有助于管理层迅速发现风险，从而有效调整预算，采取措施推进战略目标的实现。

其次，提升公司战略管理能力。预算控制有助于公司的战略目标得到进一步细化，预算编制将公司战略目标量化，形成各项指标数据，预算执行将各项指标数据逐渐落实，预算监控保障落实过程持续不断，稳步前行。通过预算控制，公司能够破除原有管理模式下各业务部门与预算的界限和壁垒，加强双方间的沟通和协作，更为迅速地对未来的机遇和挑战做出反应和策略。公司决策部门运用预算体系实时动态调整战略规划，能够增强公司战略管理应变能力，提高战略管理弹性。

2. 资金预算控制

资金作为企业持续运作的命脉，需要保持资金预算的精准化、动态化。资金预算管理，是指企业紧紧围绕企业战略目标，使用科学的计划手段和方法，对企业资金预算进行编制、审批、执行、调整、监测、分析调整、考核及评价等一系列环节的总称。当前学术界对于资金预算管理内容普遍认为分为三个环节：资金预算的编制、资金预算的执行与监控、资金预算的分析调整与考核。

与预算控制和预算管理的关系相同，资金预算控制也属于资金预算管理的一部分，只包括资金预算编制、资金预算执行与监控两个环节，而没有资金预算分析调整与考核的环节。资金预算控制是指在资金预算目标确定后，对未来资金使用情况进行预测和规划，并在资金流转过程中持续监控经营活动有无偏离目标计划，以保证企业资金的科学调度和正常周转，为后续分析与考评提供决策依据。而资金预算管理则是在资金预算控制的基础上，通过将预算执行情况与预算目标进行误差比对，及时发现问题所在，从而调整资金预算计划与公司战略，并考评相关人员的完成情况。

（1）资金预算控制的内容。

第一，资金预算编制。资金预算编制是资金预算控制的第一环节。资金预算编制是以企业战略目标和本年采购、生产、销售等经营预算计划为前提，结合投融资需求安排科学规划未来资金使用情况，为后续资金预算执行与监控奠定基础。根据现有主流资金预算理论研究，资金预算编制主要包括六个方面，即期初现金余额、现金收入预算、现金支出预算、资本支出预算、现金余缺预算、期末现金余额。

资金预测是资金预算编制的重要基础。资金预测方法主要分为定性预测与定量预测两种。资金定性预测主要包括调查研究判断法和经验判断法等。资金定量预测则根据具体做法的不同主要有常用的四种，分别为线性回归分析法、比率分析法、基期调整预测法、周转速度预测法。

第二，资金预算执行与监控。根据上一环节预算编制的结果，资金预算控制可进行下一环节，即资金预算执行与监控。资金预算执行与监控是资金预算控制的重点环节。将编制完成的资金预算计划分配至各业务部门，待各部门按计划执行预算情况，实施生产经营活动后，预算管控部门实时监控预算执行情况，将结果反馈至管理层，如有风险，及时预警管理层，以确保预算偏差等问题无法滞留，为后续资金预算分析与考核环节提供参考依据。

（2）资金预算控制的目标。资金预算控制的目标包括：①资金预算编制流程符合企业政策规定，履行的审批流程完整，确保各部门人员及时获知预算计划，科学安排和使用资金，提质增效、量入为出，尽可能保证资金供求平衡，以保障企业正常生产经营；②最大程度节约资金、控制资金运营成本，提升资金周转率，保证资金合理合规高效使用；③确保资金预算实现全程监控，资金流转实时监测和资金风险实时预警，向管理层及时汇报资金预算问题，从而实现企业科学决策。

（二）基于人工智能技术的资金预算控制框架

资金预算控制是一项复杂的系统活动，随着数字化时代的发展，人工智能技术为实现可靠的资金预算控制提供可能。

1. 资金预算控制流程框架的设计原则

资金预算控制流程框架设计原则如下：

（1）全面控制原则。资金预算全面控制包含三点，不仅要求企业对资金预算预测、执行、监控全过程保持控制，而且需要对全维度业务保持控制，还要对全员参与资金预算保持控制。全过程控制是指通过对资金预算进行准确预测，对资金预算执行过程实时保持监控，以提高对资金预算调整的反应速度；全业务控制是指对资金所涉及的各业务信息数据保持实时获取，以随时调整资金预算预测数据信息；全员控制是指保证企业管理层至基层员工都能够参与资金预算过程，以增强资金预算准确度，增加企业整体凝聚力。

（2）控制平衡原则。资金预算控制的平衡不仅仅在于整体期间的平衡，也要求在每一阶段时点的把控和收放平衡，更是对每一预算环节过程中控制程度保持平衡。为更好适应企业多维度资金业务运作，资金预算控制需要量入为出，根据各业务具体时长和进度情况把控资金使用量；避免过度控制，限制业务量增长；同时，也要量出为入，根据资金预测量及时调整预算计划，保持后续业务的平稳持续运作。只有如此，才能逐步靠近资金预算控制价值创造和决策支持的总目标。

（3）效益和效率并重原则。效率和效益并重原则要求企业在选择预算控制各环节适用技术方法时，力求在提升效率的同时也保证效益最大化。避免在大幅提升预算控制效率的同时，预算控制人员大幅增加，预算控制过程过于烦琐，预算所需数据信息极为庞大而导致整体效益不升反降，虽然达成了决策支持的目的，但却与价值创造目标背道而驰。只有保持效益和效率并重，才能降低整体成本，实现价值创造最大化。

（4）协调配合原则。资金预算控制协调配合原则要求预算控制各环节相互配合，相互牵制，在保证各环节充分行使职权的基础上，避免权责相容，从而更好地明确各部门各岗位职责。避免只顾牵制错弊而不考虑办事效率的机械做法，必须做到既相互牵制又相互协调，在保证质量、提高效率的前提下完成任务。

2. 资金预算控制流程框架的构建架构

在明确企业资金预算控制新诉求及人工智能技术对其适用性的基础上，进一步对其运作流程进行层级划分和流程分析。从基于人工智能技术的资金预算控制机制运作流程框架来看，目标导向层包括总目标和基于总目标的资金预算控制新诉求；资金数据层根据不同业务活动划分生成各类资金信息，随后汇集至数据信息库中；预算服务层则通过多种人工智能技术对资金业务信息进行分析推测并反馈结果，包括发出需求、数据提取、数据预测、数据监控、结果反馈五部分内容。

（1）目标导向层。总目标在资金预算控制机制运作流程中作为整体指导目标，衍生出更为具体的资金预算控制新诉求。总目标中，具体内容为价值创造和决策支持。资金预算控制新诉求的内容细分为目标战略化、信息多样化、过程实时化、结果精准化。总目标与资金预算控制新诉求共同作为资金预算控制机制框架的前瞻性出发点，能够确保企业资金预算战略方向的明晰科学，真正依据现实需求角度思考问题，从而对新时代下企业安全生存平稳发展具有理论和实践双重意义。

（2）资金数据层。资金数据层，主要构成为多种资金活动及数据信息库。资金数据层中根据业务性质，将资金业务产生的财务信息与非财务信息按照投融资活动、研发业务、采购业务、生产业务、销售业务和费用支出分为六大维度信息，随即全部导入数据信息库。数据信息库运用 Spark 分布式内存计算平台、资源描述框架（即 RDF）、可视化和知识表示，来实现数据信息的高效存储、更新与维护。

上述技术能够剥离数据信息原本形式、理顺数据格式并加以简化，协助数据信息库跨越多格式语言实现互通互联，增强数据间的联结能力，从而保证后续步骤得出更为精确的清洗加工结果。该资金数据层能够完整反映企业年度、月度及各日资金业务流转全过程，通过精细化资金事项为预算服务层提供更为准确动态的完整信息。

（3）预算服务层。预算服务层，是资金预算控制运作流程的重要层级。在预算服务层中，人工智能技术凭借多种特性，能够根据用户具体预算需求，进行数据抓取、数据预处理、数据预测、数据监控等一系列操作，寻找数据之间未知的模式与规律，从而辅助用户进行科学高效决策分析。

为更便于理解，预算服务层中标有序号以体现前后逻辑顺序。

首先，用户基于目标导向层中具体资金预算控制新诉求，发出用户需求指令。从用户具体需求指令出发进入下一步骤，同时，预算服务层进行数据识别提取，从数据信息库中筛选抓取并规整资金数据信息。数据识别提取过程需要运用 Web 中的实体抽取、回归分析、关联规则分析与聚类分析等技术，凭借归纳生成的符合信息样式边界特征，深入信息库中提取所需的内容项。该技术能够从无结构的海量信息库中提取数据并形成结构，从而大大提高后续预处理的精准高效。数据预处理即通过异常值处理等方法，对提取后模糊分散、具有随机性并包含噪声的资金业务数据进行清洗，如推导填充模糊缺省数据、清除噪声和重复数据等，具体应如何选择最为恰当的预处理方式需要根据资金数据实际情况进行判断。经过数据预处理，能够去除重复数据、不相关记录、明显离群值、缺失与无用数据等资金信息，提高预算控制结果的质量及效率。

其次，经过抽取的数据通过预处理，进入下一步骤，即模型训练、精度评价和数据预测。这一步骤通过支持向量机算法，描述资金数据项之间存在的关系规则，更好地掌握资金使用规律，从而推导出合理的未来资金预算。本步骤针对预处理完成后的数据，划分训练集和测试集进行模型训练，通过重复大量样本数据的训练获得经验，发现数据关系规则。随后采用网格搜索算法寻找最优核函数参数，并尝试使用不同核函数进行拟合效果评价，选择预测准确率最高的核函数构建资金预算预测模型。随后运用构建的资金预算预测模型进行下一期间资金需求总量的预测，并将该预测结果输出至下一阶段，为用户进行资金预算的实时监控提供资金使用量限额标准。

最后，将符合效果评价满意度的资金预算预测数据输出至下一步骤，即资金预算实时监控。这一步骤先将期间资金需求量划分到各月，运用资金预测模型在各月月中时根据上半月数据进行月末资金需求总量的短时预测，并将预测结果与该月控制标准进行比对，根据实际情况预警或约束下半月的资金使用量。最后，根据资金预算监控的结果以可视化的形式展现给用户，通过图形、图像等方式将关联规律形象地表达出来，将预测结果反馈至管理人员，便于其依据监控结果对下半月资金使用情况进行调整。基于此，用户可增强对资金预算总量把控，优化企业资金战略决策。

综上，基于人工智能技术的企业资金预算控制机制运作流程形成了目标导向—数据存储—数据识别提取—数据预测—数据监控—反馈结果—达成目标的完整循环，为企业管理层提升资金预算控制效率提供技术支持。

二、人工智能在预算分析调整与考评中的应用

在预算分析调整与考评阶段，企业对已执行的预算进行分析，评估实际绩效与预期目

标之间的差异。基于分析结果，企业可以进行预算调整，以适应市场变化或内部情况的变化。此外，考评的过程还可以为未来的预算制定提供经验教训。

（一）预算分析

1. 数据挖掘与趋势识别

当谈到数据挖掘与趋势识别时，实际上在预算管理中这两个概念有着重要的作用。数据挖掘是从大量数据中发现有用的模式、关联和信息的过程，而趋势识别则是通过分析历史数据，预测未来可能的发展趋势。

（1）数据挖掘。数据挖掘开始于数据的准备和整合，将来自不同来源的数据整合在一起，创造一个更全面的数据集。在预算管理中，这包括从财务、销售、市场等多个部门收集数据。在数据挖掘中，选择合适的特征（即数据的属性）对于模型的准确性至关重要。在预算管理中，特征可能是关键绩效指标，如销售额、成本、利润等。同时，数据挖掘可以帮助发现数据中的模式和关联。在预算管理中，这意味着可以发现不同业务指标之间的关系，如销售额与广告支出之间的关系。数据挖掘还可以用于构建预测模型，根据历史数据预测未来的趋势。在预算管理中，这可以用来预测未来的销售额、成本等重要指标。

（2）趋势识别。趋势识别从分析历史数据开始，理解过去业务绩效的发展，这可以帮助企业了解过去的成功因素和问题。同时，基于历史数据，企业可以建立趋势识别模型，用于识别和捕捉未来的发展趋势。这可以包括季节性变化、周期性波动等。趋势识别可以帮助企业预测未来可能的趋势，从而为预算制定提供更具前瞻性的指导。例如，基于过去几年的销售数据，可以预测未来的销售趋势。另外，趋势识别可以借助机器学习算法和预测模型，从历史数据中学习规律，然后预测未来的业务趋势。这可以帮助企业更准确地制定预算计划。

2. 异常检测与风险预警

在预算管理中，异常检测与风险预警是至关重要的组成部分。异常检测旨在识别与预期情况不符的异常事件，而风险预警则旨在提前警示潜在的风险和问题。

（1）异常检测。异常检测需要建立对正常数据的基准，然后识别与之不符的数据点。在预算管理中，这意味着将正常的业务波动与异常的业务事件区分开来，如异常的成本增加或销售急剧下滑。另外，异常检测可以利用统计方法和机器学习算法来识别异常。统计方法包括标准差、箱线图等，而机器学习算法则能够自动学习数据的模式，识别出不符合预期的异常情况。

异常检测可以实时监测业务数据，一旦发现异常，立即发出警报。这有助于企业及时采取措施，防止问题的进一步扩大。

（2）风险预警。风险预警旨在在问题发生前提前发现潜在风险。通过建立警戒线和阈值，一旦数据达到或超过这些值，就会发出预警，让管理层能够迅速做出反应。同时，风险预警可以监控关键业务指标，如销售额、毛利润等，以捕捉异常波动和不正常的趋势。这有助于识别业务风险并采取相应措施。基于历史数据和趋势，企业可以建立风险模型，识别出不同风险情境的特征。一旦新数据符合某一风险情境，就会触发预警。利用人工智能技术，企业还可以构建智能预警系统，能够自动识别潜在的风险和异常。这有助于提前预防问题，避免损失。

风险预警可以通过可视化工具，将风险指标以图表和仪表盘的形式展现出来，让管理层更直观地了解业务状况。

3. 智能预测模型

智能预测模型在预算管理中扮演着重要的角色，它们是基于历史数据和先进算法构建的工具，能够预测未来的业务趋势和表现。

（1）数据收集与准备。智能预测模型的构建始于数据的收集和准备。企业需要收集与业务相关的历史数据，这可以包括销售额、成本、利润、市场指标等。数据准备包括数据清洗、去重、填充缺失值等，确保数据的质量和完整性。

（2）特征选择和变换。在构建预测模型时，需要选择适当的特征（指标）作为模型的输入。这需要业务洞察和领域知识，以确保选择的特征能够准确地反映业务的影响因素。

（3）模型选择。在智能预测模型中，通常会使用多种算法，如时间序列分析、回归分析、神经网络等。选择适合业务问题的模型是至关重要的，这需要结合问题的复杂性、数据特点和预测目标进行考虑。

（4）模型训练与优化。通过历史数据，模型需要进行训练，以学习数据中的模式和关联。模型的参数可能需要不断优化，以提高预测的准确性和可靠性。

（5）预测与验证。经过训练的模型可以用于预测未来的业务趋势。预测结果需要与实际数据进行比较和验证，以评估模型的准确性和性能。

（6）不确定性考虑。智能预测模型通常会提供置信区间或预测误差，这有助于管理层了解预测结果的不确定性。这样的信息对于预算制定和决策过程是非常有价值的。

（7）持续更新与优化。随着新数据的产生，智能预测模型需要不断更新和优化，以保持对业务的准确预测能力。这种持续优化有助于应对业务环境的变化。

（8）多变量分析。智能预测模型可以同时考虑多个变量的影响，从而更准确地预测业务的未来走势。这有助于捕捉多个因素交互影响的复杂性。

（9）自动化决策支持。智能预测模型的预测结果可以为管理层提供决策支持。基于模型的预测，管理层可以制定更明智的预算调整和决策策略。

（二）预算调整

1. 情景分析和模拟

情景分析和模拟是在预算管理中广泛使用的工具，它们可以帮助企业预测不同决策和情况下的影响，从而更好地制定预算策略。

（1）情景分析。情景分析涉及制定不同的业务情境，这些情境可以是市场变化、竞争态势、经济环境等，这有助于了解不同情况下的预算执行结果。情景分析通常会同时考虑多种变量，如销售额、成本、汇率等。通过分析不同变量的交互影响，可以更全面地了解情境对预算的影响。通过比较不同情境下的预算执行结果，企业可以识别哪些情境可能对业务产生积极或负面影响，从而有针对性地调整预算策略。

另外，情景分析有助于识别潜在的风险和机会。通过分析不同情境，可以发现可能的挑战和优势，从而更好地应对不确定性。

（2）模拟。模拟允许企业调整预算假设，以评估不同预算策略的影响，这可以包括成本控制措施、市场推广投入、产品策略等。企业可以模拟不同决策的结果，如是否开展新产品线、是否进入新市场等。这有助于评估决策的风险和回报。模拟允许企业根据不同情况灵活调整预算。例如，在市场需求下降时，可以模拟减少成本，以应对业务下滑。同时，模拟为预算制定提供决策支持，管理层可以模拟不同预算假设，以选择最佳的预算方案。模拟也可以用于培训和培养企业决策者。通过模拟不同情境，培训人员可以了解各种决策的影响，增强决策能力。

2. 智能决策支持

智能决策支持在预算管理中的应用，为企业管理层提供了更准确、全面的信息和数据分析，以支持他们做出更明智的预算调整和决策。

（1）数据驱动的决策。智能决策支持依赖于数据分析和业务指标，帮助管理层从客观数据中获取信息，而不仅仅是凭主观判断。这使得预算调整和决策更加基于实际情况。

（2）实时信息反馈。智能决策支持系统可以提供实时的信息反馈，将最新的业务数据和指标展示给管理层。这使得管理层可以随时了解业务情况，做出更迅速的决策。

（3）数据可视化。数据可视化是智能决策支持的关键组成部分，通过图表、仪表盘等方式将数据以直观的形式呈现出来。这使得管理层可以更轻松地理解数据，发现模式和趋势。

（4）智能分析和预测。智能决策支持系统可以基于历史数据和预测模型，为管理层提供智能分析和预测结果。这有助于预测未来趋势，辅助决策制定。

（5）情景模拟和预测。智能决策支持可以模拟不同情景和决策的结果，让管理层在做出决策之前能够更好地了解不同选择的影响。

（6）个性化建议。基于数据分析，智能决策支持系统可以为管理层提供个性化的建议。这使得管理层可以更有针对性地制定预算调整和决策方案。

（7）风险评估和管理。智能决策支持系统可以帮助识别潜在的风险，为管理层提供风险评估和应对策略。这有助于降低不确定性带来的影响。

（8）数据驱动的绩效评估。智能决策支持系统可以通过对实际绩效和预算执行情况的分析，为管理层提供对预算目标达成情况的准确评估。

（9）基于规则和知识的决策。智能决策支持可以结合业务规则和知识库，为管理层提供基于经验和专业知识的决策建议。

（三）预算考评

1. 绩效分析与评估

绩效分析与评估在预算管理中是至关重要的环节，它帮助企业了解预算的执行情况，评估业务目标的达成程度，并为未来的预算制定提供反馈和指导。

（1）目标设定和测量。绩效分析开始于设定明确的预算目标。这些目标可以是销售额、利润率、成本控制等，通过对这些指标的测量，可以衡量业务绩效。

（2）实际与预算对比。绩效分析的核心是将实际业绩与预算目标进行对比。这有助于发现实际业绩与预期之间的差距，识别成功和问题所在。

（3）异常分析和原因识别。绩效分析可以帮助企业识别出现异常的地方，如成本异常增加、销售异常下滑等。通过深入分析，可以找出背后的原因。

（4）指标趋势分析。绩效分析不仅关注单一时间点的数据，还需要分析数据的趋势。这有助于判断业务的发展方向和趋势。

（5）分区域、部门或产品线分析。绩效分析可以将数据细化到不同的区域、部门或产品线，以便更深入地了解业务情况。这可以帮助分析业务绩效的差异性。

（6）根本原因分析。绩效分析的目的是找出问题的根本原因，而不仅仅是表面现象。这有助于制定针对性的改进策略。

（7）财务与非财务指标结合。绩效分析不仅关注财务指标，还应结合非财务指标，如客户满意度、市场份额等，以综合评估业务绩效。

（8）绩效评估指标体系。建立合适的绩效评估指标体系，可以对不同方面的绩效进行评价，如财务绩效、运营绩效、市场绩效等。

（9）自动化分析工具。利用自动化数据分析工具，可以更快速地对绩效数据进行分析和报告生成，提高分析效率。

（10）持续改进和反馈。绩效分析不仅是评估业务绩效，还应是一个持续改进的过程。通过反馈分析结果，可以为未来的预算制定提供指导。

（11）基于数据的决策。绩效分析为管理层提供了基于数据的决策依据，使得管理层可以更明智地做出预算调整和决策。

（12）鼓励积极性与责任感。绩效分析可以激励员工和团队追求目标，营造责任感和积极性。

2. 自动化报告生成

自动化报告生成在预算管理中扮演着重要的角色，它可以帮助企业高效地生成、更新和分享预算分析结果和绩效评估报告。

（1）提高效率。自动化报告生成能够大大提高报告制作的效率。传统手工制作报告可能需要花费大量时间和精力，而自动化可以在短时间内生成多个报告，释放人力资源。

（2）一致性和准确性。自动化报告生成可以确保报告的一致性和准确性。由于报告是基于相同的数据和模板生成的，可以减少人为错误和不一致性。

（3）及时性。自动化报告生成可以随时生成报告，确保及时获取最新的数据和分析结果。这有助于管理层在需要时快速做出决策。

（4）定制化。自动化报告生成工具通常可以根据业务需求进行定制。管理层可以选择包含特定指标、图表和分析内容，以适应不同的决策需求。

（5）可视化展示。自动化报告生成可以将数据以图表、表格和图形的形式展示出来，使报告更易于理解和解释。这有助于管理层更好地把握业务情况。

（6）多样性报告。自动化报告生成可以生成多样性的报告，涵盖不同的维度和指标。这有助于满足不同部门和层级的报告需求。

（7）可分享性。自动化报告生成可以将报告以电子格式导出，方便分享给相关人员。这促进了信息共享和沟通。

（8）节省成本。自动化报告生成减少了人工制作报告的成本，尤其在大规模报告生成的情况下，节省了人力和时间成本。

（9）数据来源整合。自动化报告生成可以整合多个数据来源，将不同来源的数据汇总到一个报告中，提供更全面的分析。

（10）反馈和改进。自动化报告生成的报告可以为企业提供反馈和改进的方向。通过分析报告的使用情况，可以不断优化报告内容和格式。

（11）提高决策效力。自动化报告生成能够为管理层提供准确、及时的数据分析，从而支持更好的预算调整和决策制定。

3. 智能预警与反馈

智能预警与反馈在预算管理中的应用，有助于及时识别潜在的问题、风险或机会，提供实时的信息反馈和建议，从而使企业能够更迅速地作出调整和决策。

（1）实时监测与警示。智能预警系统可以实时监测业务数据和指标，一旦发现超出预设范围的情况，就会发出警示，使管理层能够及时注意和处理。

（2）预测和趋势分析。智能预警系统基于历史数据和预测模型，可以预测未来可能发生的情况，并提前警示潜在的问题或机会。

（3）风险预警。智能预警系统可以识别潜在的风险因素，如成本增加、收入下滑等，提前警示管理层，让他们能够采取措施避免风险。

（4）机会识别。智能预警系统也可以识别可能的商机和增长机会，帮助企业抓住时机，做出积极的决策。

（5）自动化反馈。智能预警系统不仅能够发出警示，还可以根据实际情况提供相应的建议和解决方案，支持管理层作出决策。

（6）即时报告生成。智能预警系统可以自动生成实时报告，将关键数据和警示信息以可视化的形式展示给管理层，提供全面的信息支持。

（7）多渠道反馈。智能预警系统可以通过多种渠道向管理层反馈信息，如电子邮件、短信通知、移动应用等，确保信息能够及时传达。

（8）数据驱动的反馈。智能预警系统的反馈基于数据分析和模型，使得反馈更加客观和准确，避免了主观判断的偏差。

（9）引导决策。智能预警系统的反馈不仅是警示信息，还可以为管理层提供针对性的建议和决策引导，让决策更有根据。

（10）基于规则和模式识别。智能预警系统可以基于事先设定的规则和模式识别，对异常情况进行警示，从而提高了预警的准确性。

（11）持续改进。通过不断分析预警信息和反馈结果，企业可以不断优化预警系统，提高预警的效率和效果。

第四章 成本管理的方法和应用

第一节 成本管理的方法和工具

一、目标成本管理

成本管理是现代企业管理的重要组成部分，是对企业生产经营过程中所发生的产品成本，有组织、有系统地进行规划与控制等一系列科学管理工作的总称。目标成本管理与控制是企业成本管理的一种重要工具和手段。

（一）目标成本管理的基本特点

1. 市场性

以往的成本管理主要借助于准许成本计算，没有考虑市场价格等市场因素。而目标成本管理则是以市场售价为依据，通过预计的目标利润，“倒逼”出目标成本或可准许成本。由于目标成本是建立在极具市场竞争力的售价基础之上的，且同时考虑了品质、功能等具体情况，因而目标成本管理成了整个企业管理的核心。

2. 源流性

目标成本管理追溯上游，将成本管理的重点放在进入制造阶段之前，即产品的设计开发、规划阶段。由于在产品制造阶段之前，降低成本的空间大，相对可采取的成本降低形式较多，比如改革设计、调整制造流程等，而且可以避免后续制造过程的大过无效作业的耗费，因而具有更好地降低成本效果。

3. 开放性

由于坚持以市场为导向，目标成本与每个人的利益密切相关，这样，成本管理就不能再像以往那样按部就班地进行，各职能领域的人员均可以参与成本规划、管理与控制，共同为达到目标成本服务。这种开放式的成本管理有助于缩短作业时同，提供顾客满意的产品。

4. 参与性

这种方法除了在本企业加强成本管理外，还十分注重与产品相关的外部供应商等的协调配合，促进各有关方面参与企业的成本管理，如企业与供应商等外部相关者从设计、策划阶段开始就融为一体，积极合作，共同达到降低成本的目标。

（二）目标成本管理的具体实施

1. 确定目标价格

目标成本管理的第一步便是为新产品确定一个合适的目标价格。这个过程中有许多需要考虑的地方，包括市场现在以及未来的需求是什么；顾客的需求及其愿意为不同的产品特性所支付的价格；竞争者现在以及未来所提供的产品是什么。显然，对现在以及未来需求进行目标管理的最佳方式是对现有和潜在的消费者进行调查。丰田、索尼以及福特公司每年都花费大量的金钱和时间进行市场调查，以确定顾客对功能的需要，以及他们愿意支付的价格。

竞争者所能提供的直接或间接替代品也是确定目标价格的主要因素之一，包括竞争产品的质量、服务水平等。需要考虑的问题包括有竞争力的产品在质量、号召力和服务水平方面有什么差异；竞争对手的产品有什么功能和特点，是什么价格，等等。

目标价格是在市场需求评估、竞争分析，以及公司所提供的产品的初步计划的基础上建立的。公司采用目标成本法的过程中，将根据它所处的市场竞争状况及其长期定价和市场渗透的目标，确定其目标价格。

2. 决定目标利润率和准许成本

目标价格确定后，便应该计算目标利润率。目标利润率通常是指销售的绝对或相对回报率（ROS）。本质上，它意味着产品必须有足够的盈利能力，以产生理想的回报和现金流。这个目标利润率是从公司整体的长期战略和财务目标衍生而来的。也就是说，销售的目标回报、营业收入、投资回报率、权益收益率以及现金流量都在目标利润率的计算中具有一定的影响力。为了获得持续的成功，企业必须获得高于资本成本的利润率。

诸多因素的影响导致不同产品线或产品具有不同的目标利润率。典型的影响因素包括：目标市场的市场份额或管理层是否进行市场渗透的定价策略；公司自身的成本水平；支持产品生产所需的投资水平（较高的投资需要较高的利润率）。目标价格和目标利润之间的差额就是该产品的准许成本。不同的公司对可以包含在准许成本中的费用有不同的理解。几乎所有的公司都将材料和外购产品包含在准许成本之中。大多数企业将可变成本，包括劳动力和相关成本，以及变动制造费用也归入准许成本。通常情况下，新产品需要研发支出、加工成本与资本投资。一些项目，如折旧的影响，也应当包括在准许成本内。一些非生产费用，如广告和促销、销售和服务费用，甚至对存货的投资，也可以包括在准许成本内。

3. 将目标成本分配至组件或功能

准许成本和目标成本可以通过以下两种方式进行分配：

（1）先对主要组成部分（例如，对于汽车来说是底盘、发动机、动力传动系统等）进行分配，进而是它们各自的子组件，最终对单个组件进行准许成本和目标成本的分配。这种方法往往会导致新产品在特征、生产流程、生产工艺方面与之前的产品近似。这种方法最好是运用于生产与之前产品类似的新产品，其降低的成本往往是材料和加工费用。

（2）根据产品的功能进行准许成本和目标成本的分配。当企业已经对客户需求进行了详细的评估，包括了解客户对不同功能的价值认定时，这种方法特别有效。这种分配方法涉及的步骤包括：定义和归纳产品的功能，评价功能的重要性，以及将准许成本和目标成本分配至每一个功能上。①定义提出的新产品对用户的功能，并将它们按用途和价值进行归类。这些功能可以进一步划分为硬功能（物理功能）和软功能（便利性和价值）。以汽车为例，硬功能包括大小、形状、重量、燃油经济性和速度方面的特征，而软功能则包括外观、乘坐平稳性、振动幅度和噪声大小；②评估各种功能的相对重要性；③将准许成本与目标成本分配到各个功能。这意味着，准许成本与目标成本的分配是在相对重要性的基础上进行的。

4. 组建跨职能团队，实现目标成本

实现目标成本的过程是建立在三个基本原则之上的：①必须建立起一个能影响产品生产并同时受产品生产影响的所有部门的跨职能团队；②跨职能团队的参与者需要积极地对早期产品进行理念方面的设计和开发工作，以显著地降低产品的寿命周期成本；③若要实现目标成本，则必须在产品和工艺设计过程中利用价值工程技术和其他工具。

跨职能团队每一个阶段做出的决定，几乎都会影响其他的决定。管理会计师需要就不同的生产设计决策所导致的成本因素进行快速反馈，以促进跨职能团队在考虑到各种因素的条件下做出统一、快速、协调的决策，跨职能团队的工作也是近年来逐渐在许多生产企业流行起来的并行工程的关键。并行工程的理念是在产品开发过程中同时进行产品的制造，而传统的生产理念是顺序进行的。目标成本管理所组建的跨职能团队则进一步对并行的概念进行了延伸，它将市场分析、主要供应商分析、成本管理等活动都嵌入了产品开发过程中并行进行。

5. 成本管理和控制的工具

成本管理和控制的工具是价值工程。在产品的设计阶段对产品的生产成本和生命周期成本进行决策，与组建一个跨职能团队和并行工程的理念相辅相成。早期的产品设计会影响材料选择、部件的数量、自制和外购决策、资本投资需求等方面，并最终影响制造成本。如果设计工程师在没有采购人员、工艺工程师、生产经理等人的参与下进行设计工作，他们往往会忽略某些因素对成本的影响。

在许多情况下，概念和设计阶段占据产品的总成本的比例非常高，虽然表面上看可能仅发生了少量费用，但是许多费用没有在这一阶段体现出来（有些成本实际上在开发周期中的早期阶段便已分配到产品当中）。为了深入分析目标成本，需要借助相关的工具，其中价值工程是选择较多的一种方法。价值工程，又称价值分析，是减少现行成本和准许成本之间的差距，从而最终实现目标成本的主要技术手段。有些公司在产品的设计和开发阶段使用的是价值分析，而在后期发展阶段则称为价值工程。实务中这两个概念经常交替使用，并无明显的分别。

在价值工程的实施过程中，一些重要的方面能够对成本产生显著的影响。

（1）产品设计过程将带来若干费用。例如，IBM 曾经引入了专门设计以减少零部件的数目、连接装置和装配要求的打印机。这样的设计决策使得零部件有许多的共性，更换零部件的成本显著降低，对于 IBM 和最终用户来说都大大降低了现场维护和支持的成本。

（2）价值工程中另一项重要的降低成本的工作是外部供应商采购零部件或者企业自制的决策。这个决策取决于供应商和企业自身的能力、核心竞争力和生产成本。如果供应商有能力保证更高质量的同时以更低的成本为企业制造零部件，那么这个零部件可能需要从外部供应商处进行购买。如果企业自身具有质量、速度和成本优势，或者这个零部件代表着企业所拥有的核心竞争力，则不应该外包给外部供应商。对于从外部供应商购买的物品，企业需要与供应商沟通，以确保外部供应商尽心尽力保证其生产质量。例如在日本，如果供应商提供的零部件对整体设计、开发、生产及本公司的产品成本至关重要，则会邀请供应商派出代表，加入目标成本管理的团队。对于适合企业自制的零部件，后续的决策是如何去生产，其中包括购置资产设备以进行制造。因此，工艺设计和制造部门的人员也必须参与产品的设计和规划。市场和产品规划、设计和开发、采购、工艺设计和制造决策及其财务影响密不可分。在早期阶段如果没有考虑到所有的可能性的话，将会对后续生产过程产生不利的影响。

（三）目标成本管理的主要方法

1. 价值成本管理法

价值成本管理法是将价值与费用有机结合起来确定成本目标，并加以控制和管理的一种方法。它是从价值与费用统一性要求的方面去实施对成本的管理的。

（1）价值分配。①从价值角度对企业内部的各部门、车间、班组乃至个人，按他们在生产经营过程中提供产品或劳务的计划价格分配其价值，并核定出产品的全部价值；②从费用角度，先依据产品价格、成本和利润三者之间的相互制约关系，确定目标成本（包括制造成本和期间费用）；③根据分配给各部门、车间、班组及个人的价值占产品全部价值的比重分配目标成本，从而确定各部门、车间、班组及个人的成本计划指标值，并依此实施成本控制、进行成本管理。这一方法的好处是可以促使企业全部成员参加成本管理，并将价值管理与成本控制有机地融合于规划之中。

（2）指标分配。指标分配方法有助于确保各环节目标值确定的科学性和合理性。在这种方法下，如果“目标成本=价值总额”，各部门、车间、班组乃至个人的产品成本指标与产品价值指标是一致的，它表明预测结果较为准确。在这种情况下，无论采用成本指标还是价值指标对产品成本进行控制和管理，效果都是一样的。如果“目标成本>价值总额”，各部门、车间、班组及个人的成本指标值大于价值指标值；如果“目标成本<价值总额”，各部门、车间、班组及个人的成本指标值则小于价值指标值。在后两种情况下，可采用求平均数的方法来确定成本计划指标。

这表明，成本是费用与价值的统一体。因此，在企业成本管理的实践工作中，有必要从费用和价值相结合的角度对成本问题加以研究与运用。价值成本管理法区别于其他成本管理方法之处在于：①价值成本管理法是以劳动者为中心的管理：这是因为劳动者是生产力诸要素中最积极、最活跃的因素。在经营活动中，只有把管事、管物和管人密切结合起来，并以对人的管理为中心，才会形成企业活力充盈的局面；②价值成本管理法是企业全面的、全过程的系统化管理。企业是一个生产技术经济的组织体，价值成本观念需要渗透到生产活动的方方面面。从基本生产车间到辅助生产车间，从产品设计、制造、销售，到售后服务的全过程，从领导到技术、管理干部和广大生产工人，都要自觉地进行价值成本分析与核算，自计盈亏和控制费用定额，相互监督和彼此制约，共同提高企业管理的整体效能。

2. “模拟市场、成本否决”法

“模拟市场、成本否决”方法中的“模拟市场”就是要以市场的变化为依据进行成本核算。

（1）确定目标成本。即由过去以“计划价格”为标准的“正算法”改变为以市场价格为依据的“倒推法”，也就是将过去从产品的原材料进价开始，按厂内工序逐步结转的“正算”方法，改变为从产品的市场售价减去目标利润开始，按厂内工序反向逐步推算的“倒推”方法，使目标成本等指标真实地反映市场的需求变化。

（2）选择成本标准。以国内先进水平和本单位历史最高水平为依据，对成本构成的各项指标进行比较，找出潜在效益，以原材料和出厂产品的市场价格为参数，进而对每一种产品都确定科学、先进、合理的目标成本和目标利润等指标。

（3）明确盈利目标。针对产品的不同情况，确定相应的目标利润，原来亏损但有市场的产品要做到不赔钱或盈利，原来盈利的产品要做到增加盈利。对成本降不下来的产品，停止生产。

（4）明确目标成本的各项指标是刚性的，执行起来不迁就、不照顾、不讲客观原因。“成本否决”就是强调成本指标的重要性，实行成本指标的一票否决制。

3. 极限成本管理法

极限成本管理法就是将成本管理向极限冲刺，追求成本的“零”机制。“零”引入成本管理，即要求一切不利于成本管理的负效应趋于“零”，企业的人流、物流、资金流处于最佳状态。这种以“零”为目标的成本管理，体现了中小企业向极限挑战的勇气和信心。

（1）质量方面的极限成本管理。这一环节的管理极限是追求质量管理的“零缺陷”。具有高质量的产品将使售后服务成本降至最低，而零缺陷的产品根本不需要售后服务。“零缺陷”的质量管理要求在产品标准上不折不扣，树立“极限”的成本管理态度和管理意识。

（2）组织方面的极限成本管理。组织是实现目标的保证。当前，结合企业组织结构扁平化的发展趋势，企业可以探索“零管理层”的改革。所谓“零管理层”，就是在企业中压缩中层，加强上下层的沟通，国外有的工厂尽管其员工有数千人，但在管理层级上只有两个，一个是厂长，另一个是全厂职工而没有任何中间管理层；生产过程中所必需的管理职能，如计划员、班组长等都是由工人轮流担任，而一些临时性的工作，比如招收新工人，则由各岗位抽调老工人临时组成人事部门，完成之后即解散。这样做大大精减工厂机构，在生产过程中所有职工都是平等的，人人都有机会在不同的领域里展示自己的才华。

（3）库存方面的极限成本管理。追求“零库存”，一直都是企业界努力的目标。“零库存”是综合管理实力的体现，在物流方面要求有充分的时空观念，以严密的计划、科学的采购，达到生产资料的最佳衔接；要求资金高效率运转，原材料、生产成本在标准时间内发挥较好的作用与效益，达到最少库存的目的。

（4）决策方面的极限成本管理。决策准确与否，决定着企业的生死存亡。市场调研、收集信息、反复论证是企业家准确决策的前提条件，决策的极限管理就是要达到“零失误”，这是优胜劣汰竞争法则对企业经营决策的必然要求。为此，企业必须强化市场调研，强化信息反馈，运用科学手段进行决策。

二、作业成本管理

（一）作业成本法与作业管理

1. 作业成本法的内涵

作业成本法是将企业消耗的资源按资源动因分配到作业，再将作业成本按作业动因分配给成本对象的一种成本计算方法。作业成本法涉及的基本概念主要有：作业、作业中心、作业成本库，作业链、价值链，成本动因等。

（1）作业、作业中心、作业成本库。作业是指企业生产经营过程中各项为了特定目的而消耗资源的独立并相互联系的活动。作业中心是指一系列相互联系、能够实现某种特定功能的作业集合。将相关的一系列作业消耗的资源费用归集到作业中心，就构成了该作业中心的作业成本库，作业成本库是作业中心的货币表现形式。

（2）作业链和价值链。作业链是指企业为了满足顾客需要而建立的一系列前后有序的作业集合体。不同行业、不同企业、不同产品的作业链是不同的通过对作业链的分析、改进和不断优化，可以达到降低产品成本、获取竞争优势的目的。

价值链是企业作业链的价值表现，它与作业链紧密联系在一起，作业链的形成过程也表现为价值链的形成过程。作业链的转移表现为价值在企业内部的逐渐积累和转移，最后形成转移给顾客的产品及其价值。要想提高价值链，必须改进作业链；而作业链的完善也是从分析价值链开始的。

（3）成本动因。成本动因即成本驱动因素，是指引起成本发生的原因。它决定成本的产生，具有可计量性，可以作为分配成本的标准。一个企业成本动因的数量多少与企业生产经营过程的复杂程度密切相关。企业生产经营过程越复杂，其成本动因就越多。要把间接费用合理地分配到各产品成本中，就必须了解成本行为，识别恰当的成本动因，这对于提高成本信息的准确性和相关性有着重要的影响。

成本动因可分为资源动因和作业动因。资源动因是资源消耗的原因，它揭示资源耗费与作业量之间的关系，发生在各种资源耗费向相应作业中心分配的过程中，反映作业中心对资源的消耗情况，是将资源成本分配到作业中心的分配标准。作业动因是作业发生的原因，它揭示作业消耗量与企业产出量之间的关系，发生在各作业中心将归集的作业成本向相应产品分配的过程中，反映产品对作业的消耗情况，是将作业中心的成本分配到产品中的分配标准，也是将资源消耗与最终产出相沟通的中介。

一项作业可能有多个成本动因，在存在多个成本动因的情况下，一是要充分考虑成本与动因的直接因果关系，二是选择作为成本分配标准的成本动因时应体现成本动因的主导性。在一项成本动因导致几项成本发生或有些作业的成本动因具有同质性的情况下，为了降低作业管理成本，可形成作业中心，建立作业成本库。作业成本库的成本按同一成本动因进行分配，以提高作业管理效率。

作业成本法与作业管理是以企业价值创新为前提而发展壮大的，它们与顾客价值经营的理念是一致的。

2. 作业成本法的应用与评价

作业成本法的应用与新制造环境下的产品成本结构变化密切相关；运用作业成本法，需要计算机技术的支持，同时，还需要企业管理层的高度重视和全体员工的积极参与。作业成本法的优点主要表现在：获取的成本信息质量较高；为企业成本管理提供了一种新的思路；发挥作业成本法的优势，还能够满足企业在产品多品种、小批量、短周期、个性化的生产条件下进行成本核算的要求。由此可见，作业成本法是一种先进的成本计算方法，它的运用进一步细化了成本管理，改善了员工的行为模式，促使员工加强成本控制，将损失和浪费减少到最低限度。它不仅有利于提高成本控制的科学性和有效性，而且有助于管理人员进行分析、评价和决策，其深远意义更在于它强调了成本动因以及由此引起的作业链、价值链的改善和优化问题。

（二）作业成本管理的实施

作业成本管理（ABCM）是利用作业成本核算所提供的信息，将成本管理的起点和核心由“产品”转移到“作业”层次的一种管理方法。ABCM 是作业成本法与作业管理相互融合的产物，它要求成本管理深入每一项作业中，尽可能消除不能创造价值的作业环节，减少资源的耗费，从而达到降低成本、提高效率和效益的目的。

ABCM 在成本动因理论的指导下，充分发挥决策、计划和控制作用，力求在作业链的所有环节中减少浪费并尽可能降低资源消耗，以促进企业整个价值链水平的提高。同时，它着眼于作业链、价值链的改善和优化。

ABCM 的基本原理体现在两个方面：①成本分配观。它说明成本对象引起作业需求，而作业需求又引起资源需求，因此，成本分配是从资源到作业，再从作业到成本对象；②

流程分析观。它分析何种原因引起作业以及作业完成情况。

这两个方面并不是相互孤立的。从技术的角度看，成本分配观是为了提高成本计算的精确程度，而流程分析观的重点在于控制成本，控制成本的关键就是要控制成本动因，通过对作业分析找到真正的成本动因并控制其发生以及发生的程度。从管理的角度看，就是给责任部门及其责任人制定业绩指标并对其履行情况进行评价，也就是说计算成本是为了控制成本。作业成本管理正是从这两个方面来改进、优化作业链，提高价值链，减少资源耗费，提高企业的经济效益的。

实施 ABCM，使企业处于持续改进的状态之中，其减少资源耗费、降低成本的途径主要有：

第一，作业消除。作业消除是指消除非增值作业或不必要的作业，以提高效率和效益。

第二，作业选择。作业选择是指比较所有能够达到同样目标的不同作业，从中选择最佳作业。最佳作业可能是成本最低或虽成本较高但效率最低的作业：不同的作业构成，发生的成本不同，产生的效果也不同。实施 ABCM，比较作业的成本和效率，如果效率相同，选择成本最低的作业；如果成本相同，则选择效率最高的作业。

第三，作业减少。作业减少是指以不断改进的方式降低作业消耗的资源或时间。对于必要的作业，通过改善方式来提高效率或降低成本；对于无法消除的增值作业，应尽量减少工作量，以降低成本。

第四，尽量实现作业共享，尽量实现作业共享是指充分利用企业的生产能力使之达到规模经济效应，提高单位作业的效率，为降低作业成本创造有利条件。

第五，利用作业成本核算提供的信息，编制资源使用计划，不断改变作业方式，优化资源配置，实现持续降低成本的目标。

第二节　成本管理的应用实践

一、企业成本管理的问题分析

现代企业在竞争激烈的市场环境中，成本管理是实现长期盈利和可持续发展的关键因素之一，“成本管理是企业内部管理永恒的主题。”① 然而，许多企业在成本管理方面面临

①郑姝红．试论成本管理［J］．知识经济，2010（24）：110.

着一系列问题。

（一）战略定位不明确

企业战略是根据其外部竞争环境的变化，结合内部自身环境制定的一套长远规划，决定了企业成本管理的战略方向，关系到企业经营领域和产品的决策，以及潜在客户和目标市场的选择。

目前，很多企业都存在组织结构、制度和成本管理方式仍沿用旧有模式，导致成本管理策略不明确。成本管理仅侧重于压缩制造费用和直接人工成本，忽视战略层面的成本管理，缺乏长远和全局视角。未考虑价值链成本和战略成本动因，使成本管理与战略定位脱节，阻碍战略成本管理的有效实施的问题。例如：①整体战略方面，高层意见分歧。一部分倾向于保持现有市场规模，采取稳定型战略，另一部分认为应紧抓科技行业机遇，采取发展型战略；②缺乏专业的成本管理团队，导致战略成本管理难以实施和优化；③缺乏成本预算和核算数据，导致战略决策委员会在项目投产时未充分考虑市场前景和风险，降低投入，影响收益率。

（二）价值链成本管理不全面

第一，忽视研发成本管理。研发费用是营业费用的一部分，除了研发费用之外，营业费用还包含管理费用和销售费用。很多企业的研发费用支出比例偏高，但却没有带来实际的体现，导致后续营销和运营成本降低。

第二，采购成本高。采购成本包含间接材料的采购成本和直接材料的采购成本。间接材料费用是制造费用的组成部分，既需要对其进行生产过程的成本管控，也需要进行采购成本的管控。有些企业采购团队配置较低，大部分采购主要工作为跟单，即按照客户需要和协议价下单给厂商，然后追踪厂商按时按需交货并按交货期付款给厂商，采购所需的技能不足，企业的议价能力较弱。

（三）成本动因控制力弱

一般说来，价值链每项活动都有对应的成本动因，价值链成本管理不善往往同时伴随着成本动因控制力薄弱的问题。

第一，员工参与度低。员工参与是执行性成本动因的因素之一，有的企业通常比较注重制造费用和直接人工成本等显性成本，对员工参与这一隐性成本重视度不足。而导致员工参与度低。常见的原因有：①缺乏系统的培训；②企业文化缺乏成本管理内容；③成本管理考核指标不合理；④缺乏系统明确的奖惩措施。

第二，企业内部部门各自为政，欠缺相互协作。企业内部部门各自为政，缺乏相互协作，已成为许多组织面临的普遍问题。这种情况可能导致许多挑战和负面影响，包括信息孤立、资源浪费、效率低下等。

二、企业成本管理的优化方案

（一）明确战略定位与实施方向

1. 明确企业战略定位

要将战略管理和成本管理相融合，首先需要有明确的企业战略。通过企业战略定位分析和内外部价值链分析，选择低成本战略和差异化战略相结合的战略，运用成本动因分析加强成本动因控制，从企业各价值链环节上寻求降低成本的机会，以降本并打造具有自身特色的产品。根据企业所处的行业在微笑曲线的位置，分析利润率，根据提升利润率最佳的方式，加大研发力度增强差异性，进一步降低成本。

（1）整体战略定位。从内部环境看，企业首先需要统一高层的思想，解决战略定位的争议，其次加强价值链各环节活动的优化，降低内部成本，第三完善绩效考核机制和奖励措施，增强员工参与度和积极性，并组建战略管理团队。从外部环境看，代工行业准入门槛低，小企业发展迅速，现有的企业必须坚持不懈地发展壮大，增强自身优势提升市场地位，优化上下游关系，完善全球战略性布局，才能实现可持续发展。

（2）竞争战略定位。在较低的行业和企业利润率形势下，成本的降低势必要引起重视，更大的降价空间意味着更强的竞争优势，把价格控制在竞争对手之下，才能实现价格优势并扩大市场份额。另外，在成本领先战略为主的情况下，还要辅以差异化战略，满足客户多样化的需求，减少同质化，增加附加值，提升利润率。

2. 建立成本管理小组

要更好的实施战略成本管理，在明确企业的战略定位后，还需要有专业的管理团队来实施。

（1）新增成本管理小组。企业的组织架构上有经营控管中心，这个部门目前主要工作用于稽核材料、机器等购买价格为何上升，购买数量为何超出目前需求等事后稽核，无法发挥其在成本管理执行力上的重要作用。所以建议增设专门的成本控管中心，或者在经营控管中心下设专门的成本控管部门，引进专业的成本管理人才任主要负责人，财务总监及各厂区或事业群副总经理兼任副总监，其余由 8～10 名员工组成，分别负责研发、制造、销售、管理、材料、机器设备和上下游关系维护等方面成本的相关事宜，每个方面至少由两名员工同时负责，相互监督，其主要职责为：①成本管理制度的维护和完善；②研发、工艺技术和质量等部门成本控制目标的设定和达成情况核算；③非生产成本的事前、事中、事后核算和反馈；④各部门成本管理利益冲突时总成本核算和方案决策，促进各部门能更好的连接和协作，增加成本管理的执行力，让制度和职能能够更好地衔接；⑤定期核算供应商、客户关系维护等方面的投入收益率。

（2）明确各职能部门在成本管理中的职责。增加了成本控管中心之后，还需要系统性地将成本管理的工作细分到各职能部门，使其责任明确，共同参与。需要明确职责的包括采购部、工程开发处、制造系统处、品质管理处、人力资源处等。各部门的成本管理责任包括：①采购部：材料成本，机器成本，设备成本，治具成本，库存周转天数以及成套料达标率；②工程开发处：研发费用，作业改善费用；③制造系统处：制造费用，维修费用，损耗报废费用，停工费用，半成品库存费用；④品质管理处：品质异常材料库存管理费用，品质异常工时费用，品质异常损耗报废费用；⑤人力资源处：招聘费用，培训费用等。

3. 优化企业的价值链

（1）加大研发投入。研发需要较多的技术人才，企业要加大人才培养，加强团队协作，完善研发成本分析，提升员工的研发技能和积极性，缩短产品研发周期等来降低研发成本，并鼓励非研发人员提出有利于研发的反馈和建议，而不是单纯的降低研发预算。

研发环节的成本管理不是削减研发成本，而是增加对研发的投入，当然也不能毫无节制，投入要能转化成效益才能实现其价值，所以既要进行相关的投入预算规划，也要进行有效的控制，还需要管理者有对市场的眼光和灵敏度。

同时，企业要注重工艺优化，认真听取直接员工的建议和反馈，结合研发构建最优方案。研发环节的成本管理要充分结合企业内部的沟通和协作，设置一定的奖励来鼓励员工去积极创新，实现生产成本的降低，产品质量的提升，最终实现以微小的成本带来巨大的收益。

（2）优化采购流程。

第一，集中采购策略。企业可以考虑对满足一定条件的材料实行集中采购策略，将材料统一采购到仓库或者其他厂区，然后再自行调配。

第二，强化采购流程管理。企业可以根据客户需求向三家及以上厂商询价，确定价格后，按客户需求数量和需求时间下单给厂商，待审核通过后，通知厂商按客户需求数量和需求时间出货。出货频率和每次出货的数量对材料的价格也有影响，通常单次出货数量大出货频率低时，厂商库存压力低、资金回笼快、运输成本低，所以单价也会相对优惠。

但是购买大量的库存后，可能会造成企业自身库存压力大、库存管理成本上升、库存周转周期长等，可以运用经济订货批量法去找出材料订货成本和仓库储存成本之间的平衡点。

第三，加强上游供应商协作。企业应当与上游的供应商加强联系与合作，签订长期协议，完善供应商评核体系，这样既可以节省双方考察对方的成本和时间，有利于材料供应稳定及时，降低企业停工风险。在特定的情况下，也可以提前囤积库存，适当规避材料涨价风险。

4. 强化企业成本动因

（1）增强员工参与度。企业的最终目标是赚取利润，因此就管理方面而言，一方面需努力获得更多利润，减少成本支出；另一方面还包括提升效率与质量、培训及激励职工、研发产品等其他事项。

然而，利润是出发点，也是落脚点，取得利润方可对职工进行物质奖励，提振职工的自信，进而为企业创造更多的价值，研发或者投资新产品，可以为企业带来风险。然而，如果企业的获利能力不强，势必会在产品特点、士气等方面陷入平庸之中，由于没有钱，不管做何事，均存在心有余而力不足的感觉。若可以使职工相信，成本管理不仅可以压缩成本支出，还能因此获取更多的收益，这将是最能激发员工去高效工作，并创造企业和自身美好的未来的。

第一，将成本管理理念融入企业文化中。在企业文化构建中引入成本管理理念，对战略成本管理的落实具有重要影响，其所起到的作用远高于单纯的成本控制，它在于提高人的主观能动性。人的主观因素在一定程度上也决定企业的成本，所以人的思想观念对成本管理落实成效具有重要影响。例如，员工的成本管理工作落实质量会受其观念、态度等影响，领导与员工间的关系也会影响成本管理落实成效。

在成本控制方面，人的主观动机具有巨大的潜力。例如，在企业文化中输入成本管理理念，对员工起到潜移默化的影响，使各级管理人员和员工都意识到要在企业各项经营活动中引入成本管理理念，进而形成自主管理机制，增强管控效果。

企业文化是企业管理活动的指引方向，也是落实管理活动的重要推力，是企业核心竞争力的关键构成因素。企业文化是物质文明和精神文明的结合，是凝聚员工，激发斗志，弘扬企业精神的利器，是提高员工思想素质和业务素质的法宝。

企业文化建设本就与企业经营决策相关，将成本管理理念与其进行有效结合，能够通过企业文化潜移默化的精神影响而增强其落实质量，二者起到相互促进的作用，对企业管理起到积极影响。

第二，重构成本管理评核指标。①价值链成本分析。引入价值链分析，将成本分为不同阶段，如采购、生产、分销等，以便更好地识别各阶段的成本和价值创造机会；②战略成本比率。衡量战略成本与总成本的比率，反映企业在实施战略方面的投入和效益；③成本-效益分析。在决策中引入成本-效益分析，将项目或策略的成本与预期效益相对比，以评估投资的合理性；④资源利用率。考察企业资源的利用率，包括人力、设备和资金等，以确保资源的高效使用；⑤成本控制力。评估企业对成本的控制能力，包括成本预算执行情况、成本偏差分析等；⑥差异化成本。考虑差异化战略，评估企业在不同产品或服务线上的成本差异，以支持更有针对性的决策；⑦战略与实际成本对比。将战略目标与实际成本进行对比，评估战略执行的成本效益，从而及时调整策略；⑧成本与质量关联。分析成本与产品或服务质量之间的关系，确保成本控制不会影响质量和客户满意度；⑨部门协作效率。考察各部门间的协作效率，以确保信息流畅、资源共享和工作流程协调；⑩客户成本满意度。评估客户对于产品或服务的成本感知与满意度，以便更好地了解市场需求和客户价值观。

（3）实施“全员”管理。全员管理可理解为在企业落实成本管理时需要所有员工共同努力。成本管理仅靠财务部门是不够的，需要依靠所有员工来构建自上而下的组织体系，包括各级部门和个人。建立个人为基础，以产线为连接，以财务为中心的纵向职责实体和以财务、供应链、生产部、技术部、销售部和售后部等各部门为主导的横向职责实体来建立纵横交错上下关联的体系。在分解成本总目标的基础上，为各职能部门和个人实施特定的具体的成本目标，在承担责任的同时也存在利益获取，进而能够从多方面督促员工的完成性，让全员参与成本管理。

（二）跨部门协同管理机制

跨部门协作在现代企业运营中日益显得重要，然而，要实现有效的跨部门协作，通常需要一个专门的管理中心或者统管部门的存在。这一部门的主要职责是在保持符合企业整体发展方向的前提下，促进各部门之间的信息共享、协同合作，并综合考虑企业效益最大化，从而选择最佳的方案和策略。

在企业的经营过程中，最终目标往往是赚取利润。为实现这一目标，企业在管理方面需要从多个角度入手。一方面，企业需要努力争取更多的收入，提高市场份额，拓展客户基础；另一方面，企业也需要将成本支出降至最低，提升效率与质量，不断进行研发与创新，培训与激励员工，等等。这一系列管理任务需要在各个部门间协调进行，而跨部门协作的有效性往往成为影响企业综合绩效的关键因素之一。

然而，在现实情况下，各个部门往往因为不同的职能、利益和目标而产生分隔，导致信息孤立和协作不足。这种情况可能导致重复劳动、资源浪费，甚至出现冲突和内部竞争。为了有效地解决这些问题，引入一个专门的管理中心或统管部门，可以成为推动跨部门协作的强大引擎。统管部门的角色在于促进信息流通，打破部门之间的壁垒，确保信息的共享与传递。通过集成不同部门的数据和信息，企业能够更全面地了解整体情况，从而作出更明智的决策。例如，在制定战略方向时，统管部门可以汇总各部门的市场数据、竞争情报等信息，从而为企业提供更准确的市场分析，有助于确定最佳的市场定位和发展策略。

此外，统管部门还可以在协调决策时起到重要作用。它可以将不同部门的意见、需求和建议综合起来，促进各部门之间的交流和合作。在资源分配和项目决策时，统管部门可以协助企业确定最优的方案，从而实现资源的有效利用和风险的最小化。当然，在实施这一专门部门时，需要保持与企业整体发展战略的一致性。统管部门不应该成为一个独立的决策中心，而是应该在整体战略框架下运作。同时，它的存在并不意味着部门间的完全统一，而是强调在保持各部门特色的基础上，实现信息共享和资源协作的最佳平衡。

第三节　人工智能在成本管理中的应用

一、成本预测与优化

（一）数据分析与预测

1. 深入挖掘历史数据

在现代企业中，大量的历史数据被积累起来。然而，这些数据往往蕴含着丰富的信息，只有通过有效的分析才能被充分挖掘出来。人工智能技术借助大数据分析，能够深入挖掘这些历史数据中的信息，从而揭示出成本变化的规律和趋势。

通过数据挖掘技术，AI 可以发现隐藏在大数据中的模式和关联。它可以识别出不同因素对成本的影响程度，找到成本变化的驱动因素，从而帮助企业更好地理解成本的变化机制。例如，对于某种原材料的成本，AI 可以分析历史数据，找出与其价格波动相关的因素，如全球经济形势、市场供需情况等，从而为企业提供更准确的成本分析。

2. 识别规律与趋势

历史数据中蕴含着成本变化的规律和趋势。人工智能可以通过对大量历史数据的分析，识别出这些规律和趋势，从而为未来的成本预测提供依据。

AI 技术可以运用统计学方法、时间序列分析等手段，对历史数据进行模式识别。它可以发现周期性的成本波动，找出季节性影响，甚至是长期趋势的变化。通过准确识别这些规律，企业可以更有针对性地制定成本管理策略。例如，对于季节性销售高峰，AI 可以预测到可能的成本变化，帮助企业合理规划生产和采购计划，从而避免成本过高的情况。

3. 建立预测模型

基于历史数据的分析和规律识别，人工智能可以建立预测模型，更准确地预测未来成本的变化趋势。这种预测模型能够为企业提供重要的决策支持，帮助企业制定更精准的成本预算和计划。

深度学习算法是建立预测模型的一种重要手段。通过训练神经网络等深度学习模型，AI 可以从历史数据中学习到不同变量之间的复杂关系，从而更准确地预测未来的成本变化。这种模型不仅可以预测单一因素对成本的影响，还可以分析多个因素的综合影响，使得预测结果更加准确可靠。

在实际市场中，数据分析与预测在成本管理中已经得到广泛应用。许多企业借助人工智能技术，通过分析大数据、识别规律和建立预测模型，实现了更精准的成本预测。这使得企业能够在市场竞争中更有优势，更灵活地应对不确定性。

（二）智能采购

1. 技术的供应链分析

人工智能技术具备处理大规模数据和复杂信息的能力，这使得其在供应链管理中的应用变得极具潜力。AI 可以通过分析供应链中的大量数据，揭示出隐藏在其中的模式和趋势。特别是在预测原材料价格的波动情况方面，AI 可以通过对历史数据的分析，识别出价格变化的规律，从而进行准确的价格预测。这使得企业能够在合适的时间采取行动，从而降低原材料成本的波动对业务造成的不利影响。

2. 智能采购系统的应用

智能采购系统是人工智能在供应链管理中的一个重要应用领域。通过智能采购系统，企业可以根据 AI 提供的预测信息，在合适的时间、合适的价格购买所需的原材料。这种精准的采购决策能够帮助企业避免原材料价格的突然波动带来的不良影响，从而降低采购成本，提升盈利能力。

3. 供应商评估与选择

除了原材料价格的预测外，人工智能还可以通过分析供应商的数据，评估其信用状况和交货能力。这对于供应商的评估和选择具有重要意义。通过分析供应商的交货记录、财务状况等信息，AI 可以帮助企业识别出哪些供应商是可靠的，哪些供应商可能存在潜在的风险。这有助于企业做出明智的供应商选择，减少供应链风险，保障生产和供应的稳定性。

二、成本控制与分析

（一）自动化流程

1. 自动化流程的优势

传统的成本核算往往需要耗费大量人力和时间，包括数据提取、整理、分析等烦琐步骤。然而，人工智能技术的应用可以极大地提升成本管理的效率和准确性。通过自动化流程，AI 能够自动提取各类成本数据，整理并分类，从而将人工处理所需的时间大幅缩短。这种自动化不仅减少了人力资源的消耗，还能够显著降低人为错误的风险，从而保证成本数据的准确性。

2. 数据分析与预测的自动化

机器学习算法使得 AI 能够从大量数据中挖掘隐藏的规律和趋势。在成本管理中，AI 可以自动分析历史成本数据，找出其中的变化规律，预测未来成本的变化趋势。这种自动化的数据分析能力，可以帮助企业更准确地制定成本预算和计划，更好地应对市场的变化。

以预测为例，AI 可以利用历史数据，通过训练模型，预测不同成本项目在未来的变化情况。比如，通过分析过去几年的原材料价格和供应情况，AI 可以帮助企业预测未来的原材料成本波动。这对于企业制定采购策略和成本管理计划具有重要意义，使其能够更好地适应市场的变化。

3. 数据可视化与决策支持

AI 不仅能够自动分析成本数据，还可以将分析结果转化为可视化的图表和报告。这种数据可视化方式，不仅使得复杂的数据更易于理解，还能够帮助企业管理层更直观地了解成本的分布情况，以及不同成本项目的变化趋势。这些可视化的报告和图表为企业管理层提供了更直观的数据支持，帮助他们更好地了解成本的情况，从而做出更明智的决策。例如，通过数据图表，管理层可以迅速发现哪些成本项目存在大幅度波动，进而采取相应的措施来应对。

（二）异常成本检测

1. 数据监控与分析

人工智能在成本管理中的一大优势是通过数据监控和分析，能够快速、准确地识别出异常的成本情况。通过建立智能的数据监控系统，企业可以对成本数据进行持续的实时监测。当出现异常的情况，系统会立即发出警报，使企业能够及时介入，迅速采取必要的措施。

例如，在供应链管理中，AI 可以运用机器学习算法，检测出异常的采购订单、不合理的运输成本等情况。这有助于企业快速发现问题，减少成本损失。此外，AI 还能够分析历史数据，识别出成本的变化规律和趋势，从而更加精确地判断异常情况是否出现。这种数据驱动的异常成本检测，能够帮助企业更好地掌握经营状况，降低风险。

2. 潜在成本泄露的识别

除了异常成本的检测，人工智能还能够识别隐藏在成本数据中的潜在成本泄露问题。通过对数据的深入分析，AI 可以揭示不正常的成本变动，识别出可能存在的漏洞和问题。这为企业建立更加有效的内部控制机制提供了有力支持，保障成本管理的透明度和合规性。

例如，AI 可以通过模式识别技术，发现与过往数据不一致的成本变化，进而指示潜在的成本泄露情况。这有助于企业识别出内部操作不当或者存在的漏洞，及时采取措施加以解决。通过将人工智能应用于成本数据的深度挖掘，企业可以预防潜在的成本泄露，保护利润和企业声誉。

三、风险管理

（一）风险评估

1. 分析能力

人工智能通过对历史数据和市场动态的深入分析，具备出色的分析能力，能够识别出潜在的成本风险。通过对大数据的处理和挖掘，AI 可以发现隐藏在数据背后的规律和趋势，从而揭示出导致成本波动的关键因素。企业的成本涉及多个方面，如原材料价格、人工成本、市场需求等，这些因素的变化都可能对成本产生影响。人工智能能够对这些因素进行深度分析，找出其与成本之间的关联，从而为风险评估提供可靠的数据支持。

2. 风险预测

建立在数据分析的基础上，人工智能通过构建风险模型和智能算法，能够预测可能导致成本上升的因素。这种预测能力使企业能够提前洞察潜在风险，采取相应的措施来减轻其影响。例如，对于原材料价格的波动，AI 可以基于历史数据和市场趋势，预测未来的价格变化趋势。对于劳动力成本的变化，AI 也可以通过分析劳动市场的情况，预测未来的人工成本走势。这种预测的能力使企业能够更加具有预见性，有针对性地制定成本管理策略，从而降低风险带来的不确定性。

3. 预警和应对策略

人工智能不仅能够预测风险，还可以在风险出现之前提前预警管理层。通过实时监测市场数据和成本变化，AI 可以识别出异常情况，并向管理层发送预警信息。这使得企业能够更加敏锐地察觉风险的存在，及时采取应对措施。管理层可以根据 AI 提供的预警信息，制定应急预案，调整成本预算和规划，以减轻风险的影响。这种预警和应对策略的能力为企业提供了更好的风险管理手段，使其能够在风险来临之前做好充分准备。

（二）实时监控

人工智能技术赋予了实时监控新的维度。通过对成本数据的实时监测，AI 能够迅速识别出潜在的风险和成本波动，将这些信息及时传递给管理层，以发出预警信号。这种实时监控能力不仅仅是对成本管理的革命，还有助于降低风险、增强对市场变化的敏感性。

1. 成本风险的实时预警

实时监控通过 AI 技术的应用，使得成本风险的实时预警成为可能。当潜在风险或成本波动出现时，人工智能系统能够立即检测并发出预警。这使得管理层能够及早采取应对措施，避免成本问题进一步恶化。例如，如果某项成本急剧增加，AI 系统可以立即捕捉到这一变化，与历史数据进行对比，从而帮助企业迅速发现异常情况，并迅速采取行动。

2. 问题察觉的敏锐性

实时监控在问题察觉方面具有显著优势。AI 系统能够迅速识别出潜在的问题和异常情况。如果某个环节的成本异常增加，AI 系统可以通过实时监控和数据分析，立即发现问题，并通过与历史数据的对比分析，确认是否为异常情况。这种实时性的反馈机制极大降低了问题被忽视或延误处理的风险，保护了企业的经济利益。

3. 市场变化的敏捷应对

市场环境的变化常常伴随着成本的波动。通过实时监控，企业可以更加敏捷地对市场变化做出反应。AI 系统可以通过分析市场数据，预测成本波动的可能情况，从而帮助企业制定更为精准的应对策略。这使得企业能够在市场变化之前做好准备，降低因市场变化而带来的成本风险。

第五章　经营决策管理的方法和应用

第一节　经营决策管理的方法和工具

一、经营决策管理的方法

随着企业经营决策实践和决策理论的发展，人们创建了许多经营决策方法。概括起来可分为以下类型：

（一）主观决策法

主观决策法，又称为软科学方法，是运用社会学、心理学、组织行为学、政治学等有关专业知识、经验和能力，在决策的各个阶段，根据已知的情况和资料，提出决策意见，并做出相应的评价，选择可行的方法。具体的方法，又可分为以下类型：

1. 专家意见法

专家意见法亦称专家意见函询调查法。做法是发函请某些专家就某一问题提出看法和意见，被征询的专家可以是属于不同学科或虽属同一学科，但研究的重点是不同的；也可以属于同一学科，同一研究方向，但研究方法、成果结构相互不同而又各有创见的，这样，将有利于决策者重点、全面地听到专家的见解。在收到专家们的回复之后，加以思考、归纳、整理，再分类给各位专家继续征求意见，如此反复多次，直到意见比较集中为止。

2. 方案前提分析法

方案前提分析法的特点是不分析决策方案的内容，只分析决策方案的前提能否成立。如果前提能够成立，则可说明目标和途径正确。

3. 头脑风暴法与反头脑风暴法

头脑风暴法又称畅谈会法。这种方法的做法是邀集专家，针对一定范围的问题，用座谈的方式，请大家敞开思想，畅所欲言谈出自己的见解。采用此种方式时也立下一些规矩，主要包括：①鼓励每一个人独立思考，开阔思路，不要重复别人的意见；②意见、建议、见解越多越好，不受限制，也不怕不同意见的冲突；③对别人的意见不要反驳，不要批评，也不要急于做结论；④可以补充和发展相同的意见。这种做法，可以集思广益，求得创新，对决策的广度、深度很有帮助。

反头脑风暴法则与以上做法相反，同意、肯定的意见一概不提，而专门找矛盾，挑毛病，群起而攻之。这种方法，则可以激发思维，有利于减少决策失误或做好失误的防范，从另一个角度增强决策的科学性，提高决策的成功率。这两种方法，各有特点，又具互补性，若运用得当，对保证决策的正确性、科学性作用甚大。

4. 创造工程方法

创造工程方法追求的目的是针对某一问题提出创新性的方法或方案。创造工程法把创新过程看作是一种有秩序、有步骤的工程。它把创新过程分为三个阶段和十多个步骤。第一阶段，确定问题，包括主动搜索，发现问题，认识环境，取得资料，确定问题等步骤；第二阶段，创新思想阶段，通过主动多发性想象、自发聚合等步骤形成创造性设想；第三阶段，提出设想和付诸实施，把设想形成方案，并接受实践检验。

（二）计量决策法

计量决策法，又称为硬技术方法，是建立在数学公式计算基础上的一种决策方法，是运用统计学、运筹学、电子计算机等科学技术，把决策的变量（影响因素）与目标，用数学关系表示出来，求出方案的损益值，然后选择出满意的方案。

为了保证影响组织未来生存和发展的管理决策尽可能正确，必须利用科学的方法。决策方法可以分为两类：一类是关于组织活动方向和内容的决策方法，一类是在既定方向下从事一定活动的不同方案选择的方法。由于管理决策方法主要是在研究企业经营决策的过程中不断发展起来的，因此下面主要介绍企业决策中常见的几种方法。

1. 确定活动方向的分析方法

确定活动方向的分析方法可以帮助企业根据自己和市场的特点，选择企业或某个部门的活动方向，主要有经营单位组合分析法、政策指导矩阵等。

（1）经营单位组合分析法。大部分公司都有两个以上的经营单位，每个经营单位都有相互区别的产品市场区域。公司应该为每个经营单位分别确定经营方向。这种分析方法主张，在确定各个经营单位的活动方向时，应考虑到企业（或该经营单位）在市场上的相对竞争地位和业务增长情况。相对竞争地位往往反映为企业的市场占有率，它决定了企业获取现金的能力和速度，因为较高的市场占有率可以带来较高的销售量和销售利润，从而能使企业得到较多的现金流量。业务增长率对经营方向选择的影响是双重的：①它有利于市场占有率的扩大，因为在稳定的行业中，企业产品销售量的增加往往来自竞争对手市场份额的缩小；②它决定着投资机会的大小，因为业务增长迅速可以使企业迅速收回投资，并为取得投资报酬提供了有利机会。

在利用经营单位组合分析法确定经营方向时，应采取的步骤包括：①把公司分成不同的经营单位；②计算每一单位的市场占有率和业务增长率；③根据在企业中占有资产的多少来衡量各经营单位的相对规模；④绘制公司的整体经营组合图；⑤根据每一单位在图中的位置，确定应选择的经营方向。

利用经营单位组合分析法进行决策，是以“企业的目标是追求增长和利润”这一基本假设为前提的。拥有多个经营单位的企业具有这样的优势：它可以将获利较高而潜在增长率不高的经营单位所创造的利润投向那些增长率和潜在利润都很高的经营单位，从而使资金在企业内部得到最有效的利用。

（2）政策指导矩阵。这种方法用矩阵形式，根据市场前景和相对竞争地位来确定企业不同经营单位的现状和特征。市场前景由盈利能力、市场增长率、市场质量和法规限制等因素决定，分为吸引力强、中等和无吸引力三种；相对竞争能力受到企业在市场上的地位、生产能力、产品研究和开发等因素的影响，分为强、中、弱三类。这两种标准、三个等级的组合，可把企业的经营单位分成九种不同类型，如图 5-1 所示①。

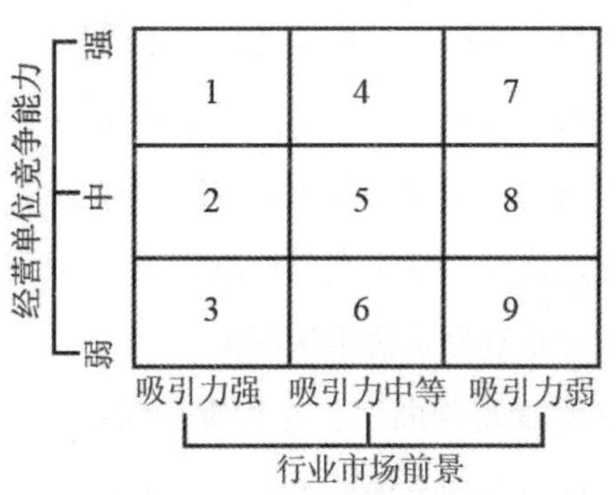

图 5-1　政策指导矩阵

根据经营单位所处的不同位置，应选择不同的活动方向。

第一，处于区域 1 和区域 4 的经营单位竞争能力较强，也有足够理想的市场前景，都应优先发展，保证这些经营单位所需的一切资源，以维持它们有利的市场地位。

第二，区域 2 的经营单位，虽然市场前景很好，但企业未能充分利用；竞争实力已有

①本节图片引自周建华，陈晓钢．企业经营决策［M］．广州：广东高等教育出版社，2003：84.

一定基础，但还不够充分。因此应不断强化，努力通过分配更多的资源以加强其竞争能力。

第三，处于区域3的经营单位可以采取两种不同的决策。由于企业在一定时期内的资金能力有限，只能选择少数最有前途的产品加速发展，而对其余产品则逐步放弃。

第四，位于区域5的经营单位一般在市场上有2~4个强有力的竞争对手，因此没有一个公司处于领先地位，可行决策是分配足够的资源，使之能随着市场的发展而发展。

第五，区域6和区域8的经营单位，由于市场吸引力不大，且竞争能力较弱，或虽有一定的竞争实力（标志着已为此投资并形成了一定的生产能力），但市场吸引力小，因此应缓慢地从这些经营领域退出，以收回尽可能多的资金，投入到盈利更大的经营部门。

第六，区域7的经营单位可利用自己较强的竞争实力，去充分开发有限的市场，为其他快速发展的部门提供资金来源，但该部门本身不能继续发展。

第七，区域9的经营单位因市场前景暗淡，企业本身实力又很小，应尽快放弃，抽出资金转移到更有利的经营部门。

2. 选择活动方案的评价方法

（1）确定型决策方法。确定型决策，又称程序化决策或定型化决策，这种方法是指影响决策的因素、条件和发展前景比较清晰明确，并且容易做出判断，根据决策目标可以选择最佳方案。运用这种方法评价不同方案的经济效果时，人们对未来的认识比较充分，了解未来市场可能呈现某种状况，能够比较准确地估计未来的市场需求情况，从而可以比较有把握地计算各方案在未来的经济效果，并据此做出选择。这种方法的特点是：每当一个新问题发生时，不必做新的决策，而只需要按原规定的程序去办即可。未来确定条件下的评价方法也很多，比如单纯选优法、量本利分析决策法、内部投资回收率法、价值分析法等。常用的是单纯选优法和量本利分析决策法两类。

第一，单纯选优法，又称直观判断法，是根据已掌握的每一个方案的每一个确切结果，进行比较，直接选择最优方案的方法。单纯选优法通常只适用于简单的情形。

第二，量本利分析决策法，也叫保本分析或盈亏平衡分析，是根据业务量（产量、销售量、销售额）、成本、利润三者综合关系分析，用来预测利润、控制成本的一种分析方法。量本利分析的基本原理是用成本习性，指明企业获得经营销售量界限。成本习性是指成本的变动与产量之间的依存关系。企业的生产成本分为变动成本和固定成本两部分。变动成本随产量增减按比例变化，固定成本在一定范围内不受产量变动的影响。销售额减去变动成本之后的余额称边际贡献，这个余额抵偿固定成本后所剩余的部分即为利润。当总的边际贡献与固定成本相等时，恰好盈亏平衡，这时，再每增加一个单位的产品，就会增加一个边际贡献的利润。量本利分析在企业经营决策中应用广泛，作用也很大。

（2）风险型决策方法。风险型决策方法主要用于人们对未来有一定程度认识，但又不能肯定的情况。这时，实施方案在未来可能会遇到多种不同的情况（自然状态）。每种自然状态均有出现的可能，人们目前无法确知，但是可以根据以前的资料来推断各种自然状态出现的概率。在这些条件下，人们计算的各方案在未来的经济效果只能是考虑到各自然状态出现的概率的期望收益，与未来的实际收益不会完全相等，因而据此制定的经营决策具有一定风险。

风险型决策是指决策者对未来的决策过程中可能出现的自然状态不是确切地知道，只是知道各种自然状态出现的概率。风险型决策有四个特点：①有明确的决策目标；②有两个以上可以实现目标的供选择的方案；③存在着多种自然状态，且状态出现的概率已知，或可以分析出来；④可以确定出各可行方案在不同状态下的经济效果（损益值）。

风险型决策的评价方法也很多，这里主要介绍决策树法。决策树法是一种用树形图来描述各方案在未来收益的计算、比较以及选择的方法。用决策树基本图形可以使决策问题形象化，它把各种备选方案可能出现的自然状态及各种损益值简明地绘制在一张图表上，通过对比，选择较优的决策方案。由于图解方式比较醒目，故其不仅适用于风险型单阶段决策，更适用于风险型多阶段决策。

决策树主要由决策点、方案枝、状态点、概率枝（状态枝）和损益值五个要素组成，其图形像一株躺倒的大树，因而得名。决策点，用矩形口表示，表明决策的起点和归宿；方案枝，从决策点引出的多条直线，每一根表示一备选方案；状态点，用圆圈表示，表明每一备选方案都因不确定的自然状态而有几种可能结果，表示方案在未来执行时可能遇到的几种不同自然状态；概率枝，从状态点引出的多条直线，每根表示一种自然状态；损益值，用三角块表示，是每种自然状态下的结果值。

用决策树的方法比较和评价不同方案的经济效果，需要进行的步骤主要包括：①根据可替换方案的数目和对未来市场状况的了解，绘出决策树形图；②计算各方案的期望值，包括计算各概率分枝的期望值，用方案在各自然状态下的收益值去分别乘以各自然状态出现的概率，将各概率分枝的期望收益值相加，并将数字记在相应的自然状态点上；③考虑到各方案所需的投资，比较不同方案的期望收益值；④凡遇决策点，保留具有最大期望值的方案分枝，同时剪去期望收益值较小的方案分枝，将保留下来的方案作为被选实施的方案。

如果是多阶段或多级决策，则需重复②③④各项工作。值得注意的是，应用决策树进行决策的过程，是从右向左逐步后退进行分析。

作为决策分析工作人员，当采用决策树这一定量辅助方法时，一定要明确中心问题，即什么性质的问题可以用决策树来分析，怎样画决策树，对信息有什么要求，怎样进行计算，如何解释分析的结果，该方法的好处是什么，有何不足之处，只有真正明确这些问题，才能正确使用这种方法。这些主要内容如下：

第一，问题特征。决策树这一定量辅助分析方法，特别有助于分析带有风险性的，或者价格和潜在报酬较大的非重复性问题的决策。

从决策方面来讲，最重要的分析工作是简单地确定各种备选方案，列出可能影响其结果的事件，估计这些事件出现的可能性。这是每一个有成就的企业管理者在决策中都必须做到的。如果管理者具备了应用决策树进行分析的基本技巧，就可以使自己的思路有条理，有助于对复杂决策进一步理解。总之，只要是具有非重复性、风险性以及有巨大盈亏后果的问题，都可以用这种方法。

第二，决策树的制定。由谁来完成决策树的绘制与计算工作，是一个十分重要的问题。项目大的话，可聘请顾问或专业咨询机构帮助，但企业的管理者或决策者必须亲自参加决策树的制定工作。只有这样做，才能了解分析人员对工程项目的实际情况或问题的实质有所了解。无论大小项目的决策，管理者都要亲自参加。

一般来说，一项具体的决策分析工作，应由企业管理人员粗绘出第一个决策树。在这个树上应尽可能标出主要备选方案和主要随机事件。有时为了取得该问题重要性的设想，还可以粗估其概率（或者主观概率，或是客观概率），备选方案初步构成决策树，则可交给专业分析人员或者专家，作为进行细节分析的初始蓝图。

第三，对初始与改进信息的要求。一般来说，对初始信息也好，或是改进后的信息也好，都必须满足三项要求：①备选决策及其对未来可能事件的关系；②假定每个未来事件出现时，选择每个备选方案的结果；③每个事件出现的概率。

现实问题的复杂程度不一，对信息的需求量也不一样。问题比较简单，需要的信息量就小；问题越复杂，需要的信息量应越大，这时决策树可能增长到很大的程度。衡量一个决策树是否合理，不是看其大小，而是看其所列出的备选方案和确定的结果对某些未来事件的敏感性大小。如果在一张决策树上列出的敏感性小的分枝数目很多，那么这样的决策树就不是一个好的决策树，因为那样做，不仅无限地增大了对信息的需求量，而且增加计算上的麻烦。因此，管理者必须仔细考虑，利用初步分析的结果，删去那些敏感性小的分枝，限制可能分枝的数目，减少对最终信息量的需求。这一工作既需要分析人员判断，也需要管理者积极参与最初陈述和分析。

第四，计算。采用决策树这种定量的辅助分析方法，计算工作很简单，一般有概率论基础，运用四则运算，就可以进行了。

在大型复杂问题的初始阶段，特别需要管理者本人进行分析，然后再提交专业人员进行分析。对于那些从其潜在的损益值来看，不值得再作更详尽的分析时，就不必再交给专业人员进行分析，有管理者本人分析即可。较大的工程项目或极为复杂的问题，可以将有关决策树的信息输入到计算机进行处理。这对于检验各种估计价值的敏感程度和求出完善信息价值特别有用。

第五，结果分析。决策树的计算结果或者预期值，并不代表决策方案实施之后所取得的实际损益值，而仅仅是表示，当假定所有预计都准确的话，这些条件结果之中有一个会在实际中出现的。虽然预期值高的备选方案，导致灾难性的结果较小，但这并不意味着绝对不可能发生。一旦发生，并不意味着原来的决策很糟，而仅仅意味着一种不幸的条件结果的出现。为了稳操胜券，管理者在重视补救方案选择的同时，还必须时时重视在决策实施过程中的追踪决策工作。

对于决策树所得的结果，应该经常分析它对条件结果预测和可能事件概率的敏感程度。有多种方法进行分析，其中有一种是故意让这些结果和概率偏离初步分析的最优方案，重新算出预期值。如果引进这种故意偏差之后，备选方案仍然是最合适的话，那么管理者的信心就会增长，就会认为自己确实找到了最优方案。如果引入这种故意偏差之后，备选方案的结果大为改变，就要多花一些时间和力量，扩大信息量和进一步完善信息，重新进行决策分析。

第六，决策树的优点。应用决策树分析方法的优点表现在两个方面：①迫使管理者整理自己的思想，详细列出备选方案和重要事件；②便于由其他人来检查决策程序和决策分析过程是否得当，也便于根据决策树来讨论管理人员提出的各种备选方案和假设。这种讨论会既可以由管理者自己主持，也可以委托他人或一个委员会来主持。

第七，决策树的缺点。同任何一种方法一样，决策树本身也存在不足。当问题过于复杂时，决策分枝增长得十分繁杂。特别是于时空并存的立体决策，或存在过多的不确定因素和备选方案时，决策树就很难理清主次关系，尽管删去部分备选方案，使之简化，但如何删去决策树的多余部分，至今并无严格的规律可循，在相当大的程度上取决于个人的判断与直觉。由此，容易导致人为的偏差。因而，必须十分重视分析与直觉的良好结合。

（3）非确定型决策方法。非确定型决策是指决策者在所要解决的问题有若干个方案可供选择，但自然状态未知，状态概率也无法确定情况下的决策。如果人们只知道未来可能呈现出多种自然状态，但对其出现的概率，人们全然不知，那么在比较不同方案的经济效果时，就只能根据主观选择的一些原则来进行。由于信息不完全，所以带有很大的主观随意性。理想的选择常常取决于决策者的个人素质、态度和经验，有以下标准：

第一，乐观决策标准。采用此法，先找出每一方案的最大损益值，然后将每一个方案的最大损益值进行比较，以损益值最大者对应的方案为最优方案，故又称大中取大标准。

如果决策者比较乐观，认为未来会出现最好的自然状态，所以不论采用何种方案均可能取得该方案的最好效果，那么决策时就可以先找出各方案在各种自然状态下的最大收益值，即在最好自然状态下的收益值，然后进行比较，找出在最好自然状态下能够带来最大收益的方案作为决策实施方案。采用此标准的决策者对未来充满乐观看法，绝不放弃任何获得最大收益的机会，倾向于冒险。这种决策标准也叫“最大收益值规则”。

第二，悲观决策标准。与乐观原则相反，决策者对未来比较悲观，认为未来会出现最差的自然状态，因此企业不论采取何种方案，均只能取得该方案的最小收益值。采用此法，要先找出每个方案的最小收益值进行比较，以其最大者对应的方案为最优方案，故又称小中取大标准。在决策时先计算和找出各方案在各自然状态下的最小收益值，即与最差自然状态相应的收益值，然后进行比较，选择在最差自然状态下仍能带来“最大收益”（或最小损失）的方案作为实施方案。采用此标准的决策者对客观情况问题持悲观态度，决策时从最坏情况下选择较好的结果，即使决策失误，损失可以达到最小。这种方法也叫“最小最大收益值规则”。

第三，乐观系数标准。这种方法认为应在两种极端中求得平衡。决策时，既不能把未来想像得如何光明，也不能描绘得如何黑暗，最好和最差的自然状态均有出现的可能。因此，可以根据决策者的判断，给最好自然状态以一个乐观系数，给最差自然状态以一个悲观系数，两者之和为 1。采用此法，决策者根据市场情况和个人经验，预先规定一个乐观系数 a 作为主观概率。然后选出每个方案的最大和最小收益值，用 a 乘以最大收益值，加上（1-a）乘以最小收益值作为该方案的综合收益值，比较各方案的综合收益值，最大者为最优方案。

第四，同等可能标准。同等可能标准也叫拉普拉斯标准，或同等概率标准。决策时在无法预测自然状态的概率的情况下，假定它们的概率相等，即如果有 n 个状态，则每个状态出现的概率就为 $\frac{1}{n}$，然后计算每一方案的损益期望值，以其最大者对应的方案为最优方案。

第五，最小后悔值标准。也叫沙万奇标准。决策者在选定方案并组织实施后，如果遇到的自然状态表明采用另外的方案会取得更好的收益，企业在无形中遭受了机会损失，那么决策者将为此而感到后悔。最小后悔值标准就是一种力求使后悔值尽量小的原则。根据这个原则，决策时应先算出各方案在各自然状态下的后悔值（用方案在某自然状态下的收益值去与该自然状态下的最大收益值相比较的差），然后找出每一种方案的最大后悔值，并据此对不同方案进行比较，选择最大后悔值中最小的方案作为实施方案。

五种非确定型决策方法，各以不同标准进行决策，因此，产生了不同的决策结果。决策者也可同时选用几种方法，如有两种以上方案都选择同一方案，则说明该方案较优。或者大体研究确定各种自然状态出现的概率，即把非确定型决策变为风险型决策，然后再运用风险型决策方法进行决策。

（4）竞争型决策方法。确定型决策、风险型决策、非确定型决策这三种决策，决策者都只是一方，影响决策选择的是未来事件的自然状态。但当企业之间存在竞争时，一方决策时必须考虑另一方可能的决策选择，这种情况下的决策，就称为竞争型决策。

在研究企业经营决策时，必须认识到决策在企业发展及经营管理中的地位和作用，了解企业经营决策的特点，掌握、运用好企业经营决策的基本原则、内容和方法，同时，更要站在理论的高度上来看待这个问题。因为企业经营决策的目标、方法、过程等，说到底就是决策者认识世界及参与改造世界的过程，决策者能否正确认识客观世界决定着能否做出正确的决策，而能否正确掌握并运用科学的方法论，则决定着正确的决策能否得以实现，亦即能否顺利地参与改造世界并取得预期的成效。因此，企业经营决策者要达到决策科学化并顺利实施的目标，就一定要学会运用科学的世界观和科学的方法论，以此为指导去进行企业经营决策实践，去观察、分析、解决在企业经营决策过程中碰到的或将要碰到的种种困难和问题，从根本上说，这是保证决策成功，避免、减少决策错误或失误的关键。

二、经营决策管理的工具

（一）财务比率分析

财务比率分析是评估企业财务状况和绩效的重要工具。通过计算各种财务指标，如流动比率、资产负债比率、毛利率、净利润率等，管理者可以了解企业的盈利能力、偿债能力、运营效率等方面的表现。这些指标能够帮助管理者识别财务问题，找出改进的空间，并在制定决策时做出明智的选择。财务比率分析还有助于与行业标准和竞争对手进行比较，从而更好地把握市场竞争力。

（二）决策树分析

决策树分析是一种可视化的决策支持工具，用于解决复杂的多选项决策问题。通过将问题分解为一系列的决策步骤和可能的结果，管理者可以清晰地了解每个决策选项的潜在结果和影响，从而做出更明智的决策。决策树分析有助于量化不同选项的价值和风险，减少主观性的影响，使决策过程更加透明和系统化。这在制定战略、投资决策和项目管理等方面都具有应用价值。

第二节 经营决策管理的应用实践

一、资本经营决策支持子系统

目前有关资本经营的讨论中存在多种观点，不论在提法上还是在界定相关内容上都有所差异。有的称为“资本运营”，强调“存量资产”的流动与重组；有的称为“资产经营”强调“存量资产和增量资产”的优化配置；有的成为“资本营运”，强调“可支配资源和生产要素”的谋划与配置。

从资本经营与资产经营的关系看，根据资产负债表的平衡关系，“资产=负债+所有者权益=资本”，如果从产权关系的角度看，这一平衡式还可描绘成“企业法人财产=债务资本+股权资本从某种意义上说，在两权分离的情况下，资产与资本也是分离的，即资产以物权的形式由总公司的经营者掌握，而资本则以股权或债权的形式由国家、其他出资人或债权人拥有。

从广义的角度讲，资产是资本的载体，资产是实物形态，资本是价值形态。资产与资本是从两个不同方面说明同一事物；从狭义的角度讲，资产经营的对象是企业法人财产，强调的是资产物权的交换或转让，即通过改变资产的实物组合形态或存在方式，通过吸收、集聚资产的方式实现资产经营规模的扩张和增值；资本经营的对象是资本，强调的是股权、债权的交换或转让，即通过资本的流动、重组、转让（兼并与收购）等方式实现资本的扩张和增值。

事实上，在资产经营中就可能包含股权的形成或转让，而在资本经营中也可能会涉及资产的重组、置换或转让等。从这一意义上说，这两者没有本质区别。但两者的侧重点是不相同的，资产经营强调的是资产经营的物质流，资本经营强调的是资本经营的价值流，不但包括实物资产的价值变化，而且包括债务资本和股权资本的优化配置。由于资产实物形态的流动和重组必须借助于价值形式进行，即资产只有资本化、证券化才能进行交易。因此，从某种意义上说，“资本经营”比“资产经营”的概念更宽泛些，至于“资本经营”“资本运营”“资本营运”，人们认为这些提法并无内涵上的区别，只是人们习惯上不同而已。

资本经营是以实现资本保值增值为目的，以价值形态经营为特征，通过生产要素的流动与重组和资本结构的优化配置，对企业全部资产或资本进行综合运营的一种经营活动。

（一）资本经营与生产经营

“随着当前市场发展以及市场本身变化，通过资本经营能够为企业带来更多经济利润。”① 资本经营是企业发展到一定规模和阶段时所要采取的一种战略措施，它以生产经营为基础和起点，经过一系列的资本运作，最终又回到生产经营，为生产经营服务网。但资本经营与生产经营在经营对象等方面又有一定的区别，主要表现在以下方面。

1. 经营对象

生产经营的对象是各种产品或劳务，经营的核心问题是根据市场需求状况及变化趋势决定生产什么、生产多少以及如何生产。资本经营的对象是价值化、证券化了的物化资本，或者说是资本化了的企业资源，其核心问题是如何通过优化资源配置来提高资产的运行效率，确保资本保值增值。生产经营的是实物形态，资本经营的是价值形态。

2. 市场条件

生产经营面临的市场主要是商品市场，经营者关心的主要是原料和产品的市场价格、产品的销售渠道和市场份额。资本经营面临的不仅是商品市场，更主要的是资本市场，经营者更关心各种证券的价格、金融市场的动态、资金的流向等。

3. 发展战略

生产经营是一种内部管理型战略或称产品扩张型战略，即在现有的资本结构下，通过调整内部资源，包括控制成本、提高生产效率、开发新产品、拓展新市场、调整组织结构、提高管理能力等维持并发展企业竞争优势。资本经营是一种外部交易型战略或称资本扩张型战略，即通过吸纳外部资源，包括兼并、收购、联合等活动迅速扩张企业可控制规模，提高市场占有率，培育出新的经济增长点。在这种方式下，企业不仅可视为某一生产部门，也可以看作是价值增值的载体，通过企业的“买卖”实现资本扩张和价值增值。

4. 资本循环

生产经营中的资本循环一般依次经过供、产、销三个阶段，顺序地采取货币资本、生产资本和商品资本三种形态，资本经营中的资本循环，从广义的角度说，不但包括了生产经营的三个阶段，而且还包括资本的筹措和投放，其资本形态包括虚拟资本（产权凭证）、货币资本、生产资本和商品资本等；从狭义的角度说，资本经营可越过产品这一中介，以资本的直接运作方式（购并、融资、资产重组）实现资本保值增值，其资本形态表现为虚拟资本和货币资本两种形态。

---

①蔡瑞先．企业资本经营问题思考［J］．财经界，2020（14）：83.

5. 收益来源

生产经营的收益主要来自向市场提供产品和劳务所取得的利润，并以此实现原有资本的保值增值。资本经营的收益主要来自于生产要素优化组合后生产效率的提高所带来的经营收益的增量，或生产效率提高后资本价值的增加，在某种情况下也直接表现为购售活动的资本利得收益。

（二）资本经营的基本方式

资本经营的方式在不同的论著中有不同的表述，从资本价值总额变动观察，资本经营一般有三种方式：①做加法，即实行跨地区、跨行业、跨所有制的联合，发展规模经济，取得规模效益；②做减法，即淘汰一批长线产品和亏损企业，以及低水平、重复建设企业，为经济发展减亏解困；③做乘法，即走联合、并购、控股、参股之路，在启动存量资产，缩短建设周期，促进存量资产优化组合的同时，实现规模经济，取得规模效益网。

从具体运作实践分析，企业资本经营的方式主要有以下类型：

1. 股权转让式

股权转让式是目前我国资本市场中发生频率最高的资本经营方式。它又可细分为协议转让与无偿划拨两种方式。股权转让的对象一般是国家股和法人股，由于我国上市公司绝大多数是由国有企业改制形成的，且国有股、法人股在企业中占绝对比重，通过国有股权的转让与集中，成为上市公司重组过程中最迅速、最经济的一种方式。上市公司股权无偿划拨是指上市公司的所有者（一般是指政府）通过行政手段将上市公司产权（通常指国家股）无偿划拨给有关公司的重组行为。

2. 并购、联合式

并购与联合是企业资本经营中最为活跃的运作方式。并购方式一般有购买式，即并购方出资购买目标公司的资产以获得其产权，并购后，被并购公司的法人主体地位随之消失；承债式，即并购方以承担目标公司债务为条件接受其资产并取得产权，这种形式在我国现实中应用最为广泛；控股式，即一个企业通过购买目标公司一定比例的股票或股权达到控股以实现并购的目的；吸收股份式，即并购企业通过吸收目标公司的资产或股权入股，使目标公司原所有者或股东成为并购企业的新股东的一种并购手段；杠杆式，即指并购方以目标公司的资产为抵押，通过举债融资对目标公司进行并购的一种方式。

3. 资产剥离式

资产剥离是指将非经营性闲置资产、无利可图资产以及已经达到预定目的的资产从公司资产中分离出来。从表面上看是公司规模的收缩，但其实质是收缩后更大幅度更高效率的扩张。资产剥离使公司选择适合自己经营的资产，剔除自己不善于管理的资产，可提高公司资产运作效率。资产剥离的方式一般包括减资、置换、出售等。与同业兼并相比，无关联行业兼并的成功率很低，这种兼并后的低效率往往使公司在兼并后重新剥离资产，出售分支机构和其他经营单位。

4. 租赁、托管经营式

租赁和托管这种方式能够在不改变或暂时不改变原有产权归属的前提下，直接开展企业资产的流动和重组，从而有效地回避了企业破产、购并过程中某些问题和操作难点，是现有条件下大规模进行国有企业改革的有效方式之一。由于租赁与托管并没有引起产权变更或资本易位，因此它们并不是严格意义上的资本经营。但与破产兼并相比，租赁和托管可以避免破产、兼并等某些敏感性问题，引起社会震动小，操作成本低，且能起到稳定社会、减轻政府负担的社会效应。

5. 品牌经营式

品牌经营主要是利用名牌效应进行低成本扩张，名牌作为一项无形资产，具有强大的市场开拓力、文化内蓄力、信誉辐射力、资产扩张力和超常获利力。在实务操作中，不同形式的资本经营方式可单独运作，也可结合在一起共同使用。

二、市场营销决策支持子系统

市场营销决策支持系统的开发是一项庞大的工程，涉及多学科的综合交叉运用。在目前我国市场营销学蓬勃发展，营销应用日益普遍的情况下，MDSS（Marketing Decision Support System）的研究开发并在公司推广应用将有利于增强总公司的营销意识，提高营销决策的水平与效益。

市场营销以研究综合性市场营销活动及其规律为目标，它通过发现顾客的需求，并将其转化为对产品与服务的要求，再通过有效的促销、分销渠道和价格策略来最大限度地满足顾客需求。市场营销作为由企业、顾客、相关的环境因素组成的系统，体现了企业和顾客在一定环境条件下的相互协调关系。

（一）市场营销系统的特点

第一，市场营销系统是一个动态的、有机结合的系统。市场营销系统运行过程中的诸多具体决策应该在总公司的营销战略指导下，有机地结合起来。各营销策略应在互相联系、互相配合、互相协调的基础上共同发挥作用。另外，公司的营销活动涉及生产过程和销售过程，如果将两者割裂开来，往往会陷入生产观念、产品观念或推销观念的误区，生产的产品难于被市场所接受，造成产品的适销性问题，进而影响到企业的利润。因此，必须把企业在生产过程中的活动和销售过程中的活动紧密联系起来，为满足已选定的目标市场顾客的需求而互相配合、协调一致。

第二，市场营销系统是一个灵敏的反应系统。市场营销系统涉及的因素很多，其中既有企业内部因素又有企业外部因素，而这些因素无一例外都在发展变化着。因此，企业的营销策略及其组合应该随着企业内外环境的变化而适时做出相应调整。如果企业的营销策略的调整落后于环境的变化，则必将带来企业营销工作的失败。

第三，市场营销系统运作的好坏对企业的发展影响很大。公司的经营目标决定了其公司的发展方向，而营销系统所要实现的目标是达到公司经营目标的最主要的保证。市场营销系统目标包括销量、市场份额、销售收入、盈利等目标。这诸多的目标影响着企业人员和资金需求，研究开发以及日常运作的资金投入。因此，营销在企业的整个运作中有着举足轻重的地位，一个好的市场营销系统总体决策可以极大地提高企业盈利水平，保证企业发展目标的实现。

第四，面向市场营销系统的工作及决策具有极大的灵活性及突发性。由于市场竞争的加剧，市场环境的变化，常常会出现一些意想不到的市场营销问题，需要企业进行解决。由于这些问题往往含有大量的不确定因素，因而这些问题的解决必须在全面系统的分析基础上，采取灵活的对策加以解决。

（二）市场预测的方法

市场预测，就是在市场调研的基础上，利用一定方法或技术，测算一定时期内市场供求趋势和影响市场营销因素的变化，从而为企业的营销决策提供科学的依据。市场预测的原则是保持连贯性、相关性、类推性。预测方法有很多种，常用的有十几种。每一种方法都有它的适用范围，有时可以用几种方法来预测同一个对象，以提高精确度。按方法本身的性质划分，可以将预测方法分为定性方法和定量方法两大类。

1. 定性预测法

定性预测方法主要运用个人的经验和知识进行判断，这类方法一般适用于缺乏或难以获取足够数据资料的场合。常见的定性预测方法有专家会议法、德尔菲法、销售人员意见综合法等。

（1）专家会议法。旨在通过邀请相关的专家来讨论并共同解决特定问题。这种方法通常应用于需要权衡各种专业领域知识和经验的复杂或争议性问题。

专家会议法的基本原理是将具有相关知识和经验的专家聚集在一起，通过互相交流和讨论来达成一致或共同决策。这些专家可以是学者、研究人员、领域专家、从业人员等。他们通过提供自己的观点、经验和研究成果，为问题提供不同的角度和解决方案。

专家会议法的具体步骤包括确定问题、邀请专家、组织会议、进行讨论和交流、汇总专家意见和建议，最终形成共识或决策。这种方法的优点在于能够充分利用专家的知识和经验，确保问题的多方面考量，并促进专家之间的合作和交流。然而，该方法也存在一些挑战，如专家选择的合理性、意见的偏见和权威性等。

专家会议法在政府、学术界、企业和非营利组织等领域都有应用。它可以用于制定政策、解决科学问题、评估风险、制定技术标准等。然而，在实际应用中，必须谨慎使用专家会议法，并结合其他决策方法，以确保决策的科学性和可行性。

（2）特尔菲法。是由美国兰德公司发展的一种新型专家预测方法。它通过寄发调查表的形式征求专家的意见，专家在提出意见后以不记名的方式反馈回来；组织者将得到的初步结果进行综合整理，然后反馈给各位专家，请他们重新考虑后再次提出意见；经过几轮的匿名反馈过程，专家意见基本趋向一致；组织者依此得出预测结果。

德尔非法的突出特点包括：①反复性，多次双向反馈，每个专家在多轮讨论中，可以多次提出和修正自己的意见，又可以多次听取其他专家的意见；②匿名性，专家讨论问题时，采取背对背方式，这样可以消除主观的和心理上的影响，使讨论比较快速和客观。

（3）销售人员意见综合法。销售人员意见综合法是组织者召集有经验的销售人员对顾客的购买量、市场需求变化趋势、竞争对手动向等问题进行预测，然后对预测结果进行综合的预测方法。

2. 定量预测法

定量预测法是指运用数学模型预测未来的方法，该方法是利用比较完备的历史资料，运用数学模型和计量方法，来预测未来的市场需求网。当能够收集到足够可靠的数据资料时，定量预测是更可取的。定量预测基本上分为两类：①时间序列模式；②因果关系模式。常见的定量预测方法有时间序列法、回归分析法、计量经济学模型、替代效应模型等。

（1）时间序列法。时间序列法是根据历史统计资料的时间序列，预测事物发展的趋势。时间序列法主要用于短期预测。常用的有简单平均法、移动平均法、指数平滑法。

第一，简单平均法。它是依据简单平均数的原理，将预测对象过去各个时期的数据平均，以这个平均数作为预测值。这个方法只适用于没有明显波动或较大增减变化的事件的预测。

第二，移动平均法。移动平均法是不断向前移动的、n 个数据的平均的方法，它通过引进越来越近的新数据，不断修改平均值作为预测值，这样就可以反映数值的变化趋势。

第三，指数平滑法。指数平滑法是根据本期的实际值和过去对本期的预测值，预测下一期数值，它反映了最近时期事件的数值对预测值的影响。这是一种在移动平均法的基础上发展起来的特殊的加权平均法。

（2）回归分析法。回归分析法是根据事物的因果关系对变量的一种预测方法。因果关系普遍存在，比如，收入对商品销售的影响，降雨量对农产品生产的影响等。

（3）计量经济学模型。计量经济学模型是在回归方程的基础上发展起来的一种将多个回归方程联立求解的分析方法。

（4）替代效应模型。用于预测一种新技术或新产品在什么时候、什么情况下、如何去取代现有的技术或产品。

（三）市场营销决策支持系统的建立

MDSS 技术应用于市场营销决策的研究始于 20 世纪 90 年代初，在市场营销决策中的应用目前仅限于市场分析方面。因此，建立系统的市场营销决策支持系统仍是目前需深入研究的问题。

1. 市场营销管理过程分析

市场营销管理过程中各模块的主要功能如下：

（1）分析市场机会。主要进行企业宏微观环境分析，从而找出与企业能力相适应的环境机会即企业机会，以及企业可能面临的威胁。

（2）研究与选择目标市场。针对存在的企业机会，根据顾客需求的差异性，划分并确定细分市场，进而选定适合于企业的目标市场并进行产品定位。

（3）制定市场营销战略。这里包括企业发展战略、企业业务发展规划及企业营销资源配置等。

（4）制定市场营销战略。这里主要进行的是营销四要素，产品、价格、销售渠道、促销的组合及具体实施方案。

（5）营销工作的组织、执行与控制。针对已制定的市场营销战略与策略，进行具体的组织、实施，并对营销计划的执行过程进行控制，以保证计划的有效实施。

2. 决策支持系统的建立

广义地讲，公司的决策行动包括确定目标、设计方案、评价方案和实施方案四个阶段。在确定目标阶段，主要是探查决策环境，进行数据和信息的搜集、加工、分析，确定影响决策的因素或条件等。因此，在确定目标阶段实际上包含了问题识别和问题诊断两个内容。在设计方案阶段要理解问题，建立模型，进行模拟，并获得结论，提供各种可供选择的方案。评价方案阶段要根据确定的决策准则，从可行方案中选择出最优方案或最满意的方案。实施阶段中将所选择的方案予以执行，对实施结果进行监测，并根据反馈信息对方案进行修正和调整。实际的决策过程并非如此简单，各阶段可能是相互重叠、交叉甚至跳跃进行的，最终形成的决策是各个阶段多次循环往复的结果。

常用而有效的方法是快速原型法，利用该方法来开发市场营销决策支持系统，然后再周期性地改进、扩展、修改系统网。对于 MDSS 总体结构形式基本采用层次型 DSS。针对市场营销实践活动，MDSS 系统结构中数据库、模型库和知识库的具体实现及管理。

（1）数据库。MDSS 中的数据和决策过程密切相关，一切数据都要经过恰当的加工、浓缩。在此强调 MDSS 一定要面向模型，即面向模型的生成与决策来设计数据库。在 MDSS 中，由于 MDSS 一般面向高层决策，所以决策过程除了需要企业内部数据外，还要应用到大量的外部数据，如市场需求量、市场价格、竞争情况等。针对这种情况，需要采取集成数据库即总数据库的方案，然后再利用数据库提取技术进行提取。

如今市场环境已由卖方市场转为买方市场，市场需求多样化与多变性决定了营销工作必须具有即时性与动态性。为此，需要将数据库细分为静态数据库与动态数据库。如企业生产能力、企业资本、营销人员数量等一般较少发生变化的数据则放入静态数据库，而如市场价格、库存、市场环境等一类经常发生变化的数据则放入动态数据库，这样一来就可以提高数据库的利用效率与效能，很好地适应外部环境的变化。同时，在 MDSS 数据库的设计中应注重企业内部的实际信息流，注意实践中数据传递的路径和方法。

（2）模型库。针对营销工作的特点，在模型使用上不仅要注重定量模型，而且还要注重定性模型。根据营销工作决策类型，基本上将模型分为预测类、投入产出类、优化类、决策类与不确定类等模型。由于在 MDSS 使用中，每一个模型的生成与应用都需要大量的数据信息进行驱动，因此在 MDSS 中一定要强调模型管理与数据管理的结合，强调每一个模型都要从数据库提取输入数据及参数值，同时又将模型运行结果送回数据库。当数据发生足够的变化而要求模型变化时，模型也应能被修改。

（3）知识库。由于营销环境的多变性与营销工作的非结构性，在 MDSS 中必须大力加强知识库的运用。在 MDSS 中，知识库主要用来存放各种规划、因果关系、各类营销专家的经验与成功企业的营销经验。此外，在 MDSS 中还应有综合利用知识库、数据库和定量计算结果进行推理和问题求解的推理机，这方面将主要涉及专家系统在 MDSS 中的应用。

结合营销管理决策过程，在 MDSS 开发过程中基本采用模块化方式，即先按营销决策支持系统的子系统开发出各专用 DSS，再在此基础上进行扩充，扩展到整个衲 DSS。这种模拟现实市场营销管理决策过程来建立知 SS，优点是整个系统易于理解与实现，同时各子系统、子功能的划分也基本符合企业内的组织结构形态。已经开发出的 MDSS 的子系统及各自功能模块如下：

（A）企业市场营销现状及机会分析

- 宏微观环境扫描与评价
- 市场机会分析
- 企业经营现状分析
- 存在问题分析
- 企业机会分析

（B）研究与选择目标市场

- 市场细分
- 目标市场选定及市场覆盖战略
- 产品定位

（C）市场营销战略与策略制定

- 制定营销计划
- 资源配置方案
- 产品决策
- 价格决策
- 销售渠道决策
- 促销决策

（D）营销工作的组织、执行与控制

- 营销费用预算及控制
- 计划执行与控制
- 盈利率控制
- 正负反馈

其中子系统（C）中 4P（Product，Price，Place，Promotion）组合是营销工作的重点，其中的每一个都是一个庞大的系统。之所以将它们放在市场营销战略策略制定子系统下而不让其自成体系，这是为了突出 4P 组合与营销战略相关的一个动态、有机、多层的组合。

市场营销是一个系统的、综合性的活动，强调营销因素即各子功能的相互配合和综合运用。而在这种模块化、分层系统中，各模块仅在市场营销整体功能的某一侧面为决策者提供支持，这样就易于造成各模块各自为政，实际上把最困难的综合决策问题留给了决策者。因此，在子模块设计与模块集成过程中，必须注意模块间的协调与接口技术的应用。

（四）市场营销决策支持系统的实际应用

综合考虑市场营销与决策支持系统的特点，给出 MDSS 应具备的一些基本特征如下：

第一，为增强 MDSS 的实用性，完成预定的工作任务。MDSS 应具备提供除给决策方案以外的支持功能，如信息服务、科学计算、决策咨询，即能支持企业各层决策。

第二，由于市场营销工作环境的多变性，市场营销决策经常面对突发性决策，因而 MDSS 应能支持这类决策，提供意向决策支持功能。而这十分强调人工智能知识库的运用。

第三，MDSS 应能提供友好统一的人机交互界面，强调在决策过程中各阶段中决策者的介入，为决策者提供控制权，实现真正的人机交互系统。

第四，在目前已开发的 DSS 中，许多系统都过分注重于定量模型，而且这样一些定量的模型往往复杂而不适用。在 MDSS 中应能突出模型的适用性与定性模型的使用。

第五，由于市场营销决策中存在着大量的非例行决策，因而有条件的公司可采用决策支持中心的形式来提高决策的质量。

三、人力资源管理决策支持子系统

现代企业管理要求“以人为本”，如何充分开发和利用人力资源，调动劳动者的积极性、智慧和创造力是企业成败的关键，因此，建立一套完善的企业人力资源管理决策支持系统具有重要的意义。为此，总公司按照国家劳动法律、法规的要求，将人员管理、绩效管理、工资管理、保险福利管理和人工成本控制等方面的管理活动按照其内在联系组成的一个有机整体。

（一）人力资源管理体系建立思路

人力资源管理体系建立思路包括：①研究所对资产进行剥离，非经营性资产保留在研究所，而经营性资产组建为由研究所控股的科技（集团）公司；②经营企业和以前事业单位的管理方式完全不一样，公司经营组织必须精减、职能清晰，不能有冗余人员；③建立产权、股本结构明晰，产业归属清晰以及内部市场分割明晰的组织机构；④研究所原有组织中的党委、工会的一些职能从机构上有效融合到公司的生产经营中，确保以生产经营为中心的公司运作模式；⑤（集团）公司的主体架构为二维设置，（集团）总部设置职能部门（以职能专业化原则进行设计，兼顾分工与协调），依据对象专业化并结合产品与市场特点设置下属经济实体；⑥（集团）公司原有产品的特殊性（技术性强、生产的非标准化、产品销售的技术支持等），机构设置采用集团集中决策、适度放权、分管经营、协调控制，以子公司、事业部为主体的组织形式；⑦（集团）总部的职能部门在董事长、总经理领导下，负责（集团）公司的战略规划、政策制定、市场开发、内部协调、投资融资等资源配置职能，并对下属经济实体提供支持与服务，指导与监督其经营活动，下属各业务单位为利润中心，在（集团）公司授权范围内从事日常生产经营活动，力争获取最大的经济效益；⑧（集团）公司对于控股/参股公司的管理与控制通过控股/参股公司的董事会进行，并派驻总经理或财务负责人以达到有效控制的目的。

（二）员工绩效考核的方法

绩效考核的核心是搜集到与每一个员工的工作状态、工作行为、工作结果有关的信息，并将其转化为对员工工作的评价，据此为与员工管理或开发有关的活动提供信息支持。尽管绩效考核被认为是人力资源管理的一项核心职能，但却有高达一半的员工认为企业绩效评价体系不完善甚至认为无效，因此，绩效考核并不能真正起到促进团结，提高功效的作用。人们经过在管理实践中的多年积累总结了多种绩效考核的方法，但任何一种考核方法都具有其优点和缺点，并有其特定的使用范围。

第一，民意测验法。请被考核者的同事、下级及有工作联系的人对被考核者从几个方面进行评价，从而得出对被考核者绩效得考核结果。

第二，共同确定法。这一方法的基本过程是先由基层考评小组推荐，然后进行专业考核小组初评，再由评定分委员会评议投票，最后由评定总委会审定。

第三，配对比较法。将被考核者进行两两逐对比较，比较中认为绩效更好的得 1 分，绩效不如比较对象的得 0 分。在进行完所有比较后，将每个人的所得分加总就是这个人的相对绩效，根据这个得分来评价出被考核者的绩效优劣次序。

第四，等差图表法。在实际操作中主要考虑两个因素：①考核项目，即要从哪些方面对员工的绩效考核；②评定分等，即对每个考核项目分成几个等级。在确定了这两者后，即可由考核者按照评定图表的要求对被考核者给出分数。

第五，要素评定法（点因素法）。实际上是在等差图表法的基础上，经过两点改动而形成的。考虑到不同的考核项目具有不同的重要性。因而考虑加权的因素，将不同的因素赋予不同的重要性，这个重要性是通过他们各自的分值范围体现的。

第六，欧德伟法。基本方法是每个人都以一定的分数为基本分，然后根据一系列加分和减分项目进行计算得出考核总分，一般由主管人员进行记录。

第七，情景模拟法。情景模拟是为了适应当前很多管理工作和执行工作的发展而提出来的，工作越来越复杂，每一项任务的执行都需要多方面的素质和能力，而各个不同任务所需要的素质和能力又是不同的。这种方法适用于关键岗位、特殊岗位的员工。

第八，关联矩阵法。与要素评定法有部分相同之处，但也有显著的不同——引进了权重，并且将考核相关数据都利用计算机系统进行处理，这样既保证了考核数据处理的迅速，也减少了人为的因素，对各考核要素在总体评价中的作用进行了区别对待，因而更加科学和实用。

第九，强制选择法。该法要求考核者从许多陈述中选择与被考核者的特征最相近的陈述。企业要想使用这种方法，必须在绩效考核方面花大力气、严格坚持科学性。

在进行绩效评价绝大多数情况下，不同评价要素之间的重要性并不相同，权重就应该有差异。权重确定方法可以分为两大类：主观定性方法与客观定量方法。所谓主观定性方法就是确定权重的基础是经验性的判断结果，尽管对经验性判断的处理过程可能是客观的，如特尔菲法、层次分析法等；客观定量赋权法是依据客观数据，按照某个数学计算准则计算得到权重，定量方法有多种，常见有主成分法、精值法、最小二乘法以及最大方差法等。定量方法具有定性方法所不具有的客观性优点，因此在绩效评价中越来越多地引入定量方法，其中最大方差法比较有代表性回。最大方差法的基本思想是，从数据内部关系出发，以信息损失最少为计算准则确定线性组合的权重系数；统计学通常使用方差刻画信息，信息损失最少就是方差最大，在该准则下就能够确定一组权重系数，具体一点说，评价矩阵的协方差阵的最大特征根所对应的特征向量就是各评价要素所对应的权重向量。

(三) 人力资源管理决策支持子系统内容

1. 人力资源管理组织设计

(1) 组织核心功能。

第一，高层定位。公司高层的首要责任是通过激励和推动公司远景目标的制定程序来领导公司的全方位的发展。有效的远景规划需要公司高层采取一系列的战略步骤，对行业的变化和各业务单位的优势与劣势形成详尽的了解；这些都必须建立在公司特有的资产上（如品牌、有利的竞争地位、技术研发等）。

第二，业绩管理。公司应建立改善下属各业务单位的子战略和经营业绩的有效方法，公司对下属业务单位的作用不应仅限于财务监控层面；还应建立与业务单位的沟通渠道，为下属业务单位确定经营业绩的标准并通过定期业务考核落实其完成情况；制定公司战略检查制度，帮助各业务单位找出其面临的主要问题和解决方法；观察并及时弥补由于下属业务单位受到不可预期的干扰而造成的损失。

第三，资源配置。公司的核心职能之一就是实现公司资源有效配置与利用，应通过一切措施盘活公司共有资源，以及保证在不同业务单位之间挖掘出潜在的合力。

（2）公司管理运作层次。

第一，决策层——（集团）公司股东会下的董事会、董事长、总经理、副总经理及下设的委员会是集团常设的决策层，他们将在组织中形成强大的决策系统。在股东会的授权下，对公司的发展战略、投资、融资、重大人事安排等进行决策，同时决策涉及在对公司外部环境研究，企业内部条件分析基础上，确定经营目标、方针和策略、制定年度及年度以上的经营计划以及目标、方针的分解与考核等，并监督实行情况。

第二，管理层——在总经理、副总经理领导下的集团职能部门，是公司的决策支持系统。决策层与决策支持层之间的关系——外部环境研究及内部条件分析是经营决策的依据，制定年度及年度以上经营计划，以及目标、方针与考核，是经营目标、方针和策略的落实与执行。公司决策支持系统应以支持经营决策为主要目的。主要职能是公司各业务单元发展规划、对集团下属公司的指导、监督、控制、管理和服务职能。

第三，生产经营层——包括（集团）下属控股、参股子公司以及各事业部，是（集团）公司决策的执行系统。在公司的总体制度框架下，进行日常生产经营决策，并定期向上级管理机构承担说明责任，实现公司的利润目标，确保各经营实体的健康发展。

2. 人力资源管理模块设计

人力资源管理模块在设计思想上，系统分析了现代企业制度中劳动人事管理的专业需要，同时借鉴国外企业人力资源管理的先进理论，结合实际情况，将人力资源管理系统设计为如下模块：

（1）政策法规。收录有效的劳动法律、行政法规、规章、规范性文件，法规库的法规经原劳动部政策法规司审定。

（2）政策咨询。集中劳动政策专家的智慧，并经过原劳动部政策法规司的审定，准确回答企业最常遇到的劳动政策问题。内容涉及下岗分流、招聘、劳动合同与集体合同、工作时间与休息休假、工资、职业安全与卫生、职业培训、社会保障、企业职工奖惩、外商投资企业劳动管理、劳动监察、劳动争议处理、劳动行政处罚等。

（3）规章制度。由专家们根据现代企业人力资源管理的要求所设计，内容涉及员工守则、招聘、劳动合同管理、工资管理、职工保险福利、考勤、定员定额、奖惩、业绩考核、干部管理等企业劳动人事管理的基础制度，单位原有的规章制度也可以直接挂接在本模块中，便于随时查询。

（4）人员管理。企业全面管理和记录员工信息数据库，是本系统的基础数据库。分为基本数据库与其他情况数据库。基本数据库包括在职职工库、离职人员库、离退休人员库、临时人员库等；同时还有职工其他情况库，岗位变动库、教育培训库、工资变动记录库、工作简历库、奖惩情况库、家庭成员库。可分别记录在职职工、离职人员和离退休人员、临时人员的详细信息，建立职工档案库，并为工资、保险福利、劳动效率等方面的管理提供基础信息。

(5) 劳动合同管理。提供对劳动合同的订立、变更、解除、医疗期的全面管理。本模块与“人员管理”模块衔接，全面管理劳动合同订立、变更、解除的全过程，并对医疗期进行记录。用户根据需要可以设定试用期、合同期到期的自动提示。医疗期在这个模块中可以进行自动计算。

(6) 工资管理。工资管理是本系统的中心模块，串联各个数据库，从而实现了系统集成，满足企业工资核算和工资日常管理的各项需要。面对企业不同的工资制度、工资形式，除提供常用工资项目外，企业还可以定义工资项目。这种灵活功能，有利于企业建立适合于本企业的工资数据库。

企业建库之后，能够实现与人员管理库的自动连接，并利用系统所提供的工资计算公式编辑框，设定工资核算的函数关系，同时与定额库、工时考勤库、保险福利库连接，实现工资核算的电算化。比如，基本工资、奖金的核算，扣缴个人收入所得税、社会保险费、住房公积金，以及企业规定的其他应扣项目都可以通过系统完成，最终计算出职工应发工资、扣除项、实发工资等。

(7) 管理基础。管理基础拥有 4 个子集。其中包括劳动效率数据库、保险福利数据库、劳动争议与处理数据库、劳保用品管理数据库。企业只要录入有关数据，就可以为工资管理、人工成本分析与控制提供充分的依据。

(8) 劳动效率数据库。劳动效率数据库用于记录考勤、工时、定员定额等方面的内容，可以将它与工资管理数据库连接，并通过设定考勤、工时、定额等方面数据项与工资项的函数关系，就可将数据送到工资模块，以实现工资的计算与核发。

(9) 保险与福利数据库。保险与福利数据库是企业的保险福利台账。利用这个模块，企业可以详细记录企业参加的各类社会保险中企业和职工的缴费基数、缴费额。并与工资管理数据库的有关项目进行连接，可实现工资计算。

(10) 劳动争议与处理数据库。劳动争议与处理数据库主要记录劳动争议发生与处理情况，进行动态查询和统计。

(11) 统计分析。串联所有数据库，为企业内部劳动人事管理和决策服务。在这一模块可以进行各项指标的结构分析和变化趋势分析，并可以表现为直观的饼形图、柱形图、曲线图。如果国家统计报表格式发生变化，企业可以利用灵活造表功能，画出一个与新的统计报表完全相同的表格，从而实现了统计报表以灵活应万变的功能。

(12) 决策支持。企业领导进行人工成本投入产出分析与控制的决策支持系统。

它将企业劳动人事管理纳入生产经营的大系统，同时引进人工成本效益分析技术，通过运算数据库中的相关数据，使人工成本控制的“二限”，即人工成本支付最高限以及适度的人工成本控制线得到了充分的数量化体现。以此进行人工成本控制决策，企业自当做出正确的抉择。该模块还可对本单位的各项人工成本指标进行历史分析，也可以将本单位指标与同类企业、同行业以及社会平均状况进行对比，还可以同时与其他单位的同类指标对比。

（13）领导查询。企业领导获取劳动人事管理信息的工具，用户可以直接快速地查阅和打印系统中的职工个人信息（如人员情况、工资情况、劳动合同、劳动效率、保险福利和决策支持等信息）；为了企业领导做出准确判断，本模块还列出了近几年重要社会经济指标统计数据，包括人工成本、最低工资、养老保险缴费比例以及国民经济发展的有关指标。

（14）报表设计。支持完成企业管理和上级主管下达的统计报表任务，系统根据劳动统计制度，提供了劳动部与国家统计局规定的现行劳动统计报表格式，企业还可以根据工作需要设计各种形式的报表。

（15）系统维护。提供完备的数据库维护系统。具有七个内容，即代码维护、用户管理、数据重构、报表合并（只限网络版）、文件传输（只限网络版）、数据转换、数据备份与恢复。代码维护可对数据库中的代码进行编辑、修改和追加；用户管理设有系统保护功能，可对各个模块进行授权并设置口令；报表合并提供了子公司向母公司报送报表数据的能力；文件传输是联系企业母、子公司之间的纽带；数据转换可将其他数据库形式建立的劳动人事管理数据转换到劳动软件的数据库中。数据备份与恢复可对数据库数据提供安全保护。

3. 人力资源管理及决策系统的内容

人力资源管理系统按照现代企业“以人为本”的管理要求，并依据国家劳动法律、法规，以充分开发和利用人力资源，调动劳动者的积极性、智慧和创造力为根本目的，将人员管理、绩效管理、工资管理、保险福利管理和人工成本控制等方面的管理活动按照其内在联系组成的一个有机整体，是企业决策支持系统的核心内容。

人力资源管理支持系统，覆盖了劳动法规、政策咨询、规章制度、人员管理、劳动合同管理、工资管理、管理基础、人工成本控制、统计分析等方面的内容，以政策法规服务系统和管理数据库系统为一体，服务于企业人力资源控制、管理、监督、反馈四个环节。

4. 人力资源管理及决策系统的功能

（1）数据重构。对系统需要的项目指标进行确认的功能。利用该功能，公司可以选定拟建数据库的指标项。如果企业具有特殊需要，可以进行指标修改、添加，从而满足了灵活构库的需要。

（2）方案查询。将查询条件和查询内容保存为两个独立的方案。查询条件和查询内容分开保存，可以相互组合，更增加了查询的灵活性。

（3）导出导入。报表格式的导出导入，报表格式设计好后可导出成报表文件，分发给各分、子公司，以便各分、子公司之间报表格式一致；人员数据的导出导入，子公司新增的人员可在查询中导出后通过文件传输，传给总公司，总公司能通过导入功能将之加入人员模块中来，实现了总公司与子公司之间的数据共享。

（4）文件传输。它是联系总公司与子公司之间的纽带，总公司与子公司之间的数据可通过网络进行文件传输。

（5）报表合并。提供子公司总公司报送报表数据的途径。

（6）数据录入。可以采用键盘录入和鼠标点击录入的方式。

（7）自动纠错。对在录入过程中的一些错误数据具有纠错功能，能够保证用户录入数据的基本正确。

（8）数据处理。系统数据库中的某些数据可以通过这个功能从一个库转移到另外一个库。在职职工的工资变动和岗位变动由系统自动记录。同时，系统还具有对作废信息进行删除的功能。

（9）函数设定。为了使数据库中的各类数据库做到集成连接，系统设有函数编辑框。公司可以通过函数（公式）的方法，确定数据间的变量关系，从而实现工资核算、缴纳所得税和社会保险缴费等各项计算任务，减少了劳资管理中烦琐的计算工作。这个功能操作简便，只要会笔写数学公式，就会用它编写劳动工资管理所需要的函数。

（10）数据批量填充。当用户将函数关系设定后，可在计算机上进行试算，如果对试算结果比较满意，可将结果一次性填充到指定数据库。这项功能有助于用户快速完成诸如工资数据填写、补贴数据的填写等工作。

（11）数据分析。系统在各模块均设有数据分析功能。系统专门设立统计分析模块，能够将各个模块的数据综合运用。用户可以确定数据分析期限、项目，并进行结构分析、变化趋势分析。

（12）自动提示。公司可以根据需要，自行设定试用期到期、劳动合同到期、退休年龄到期等内容的提前提示期限。

（13）制作花名册。花名册是人力资源管理中的基础性资料。系统在人员管理模块中设有花名册制作功能，公司可以根据管理需要选择项目，编制职工花名册，并可以按要求自动排序和编辑。

（14）制作工资单。系统提供了职工工资单的制作功能，企业利用这项功能，可以确定工资单上应发工资、应扣工资和实发工资的明细项目。

（15）灵活造表。灵活造表是将劳资管理人员从繁杂的统计计算中解放出来的一个有效工具。制作职工履历表、干部登记表更是轻而易举。把绘制的各类表格与数据库连接，就会对表格所需要的数据进行自动填写。

（16）查询观看。引进模糊查询技术，设计多种查询方法。其中快速查询、通用查询、复合查询是主要的查询方法。

（17）数据再处理。可将系统中的劳动法规、政策咨询、规章制度的内容及由数据库生成的数据图表直接粘贴到 Windows 环境下的任何书写器内，对人力资源管理部门进行管理分析与书写附带图表的各类报告极为便利。

（18）打印。可将数据库的数据、查询结果、统计图表直接打印。

（19）系统维护。即系统的代码维护和用户管理。代码维护主要是对公司的机构、职务、职称、岗位等代码进行增加、修改、删除的功能。

（20）数据维护。热力资源据测支持系统具有完善的数据维护系统，可对数据库中的数据进行编辑、删除、批量修改和批量追加，还可以进行数据备份和数据恢复。

（21）数据库转换。可完成与 DBF 等数据库之间的互换，可将企业原来建立的数据库数据顺利转换到人力资源管理软件中直接使用，也可将数据库数据输出。

（22）口令注册。公司可以根据需要对系统进行口令设置，设置口令后用户在登录时，窗口会出现登录对话框，用户注册口令就可开始进行授权工作。

第三节　人工智能在经营决策管理中的应用

经营决策管理对企业的发展至关重要。随着人工智能技术的快速发展，企业可以利用 AI 的能力来处理和分析大数据，挖掘潜在的商业洞察，并做出更明智的决策。

一、智能营销

第一，个性化营销。人工智能可以通过对客户数据的分析和学习，为企业提供个性化营销方案。AI 可以识别客户的偏好和需求，提供定制化的产品推荐和个性化的营销信息，从而提高客户满意度和销售效果。

第二，智能广告投放。AI 可以通过对广告投放数据的分析，实现精准的广告投放。通过机器学习算法，AI 可以识别和预测最具潜力的目标受众，帮助企业优化广告投放策略，提高广告转化率。

二、供应链管理

“供应链管理模式作为一种新型的经营模式已经逐渐被广泛运用于中小企业的运营与发展中，这对于我国中小企业的发展具有重要的现实意义。”①

第一，预测需求与库存优化。AI 可以分析销售数据、市场趋势和供应链数据，预测产品需求量，帮助企业进行准确的需求规划和库存优化。通过智能预测和自动化补货，企业可以降低库存成本同时确保供应的及时性。

第二，供应商管理与风险控制。AI 可以分析供应商的历史数据和绩效指标，帮助企业评估供应商的可靠性和风险。通过智能供应链管理系统，企业可以实时监测供应链中的问题和风险，并采取相应的措施，以确保供应链的稳定性和可持续性。

①蔡昌伦．中小企业供应链管理现状与改进对策研究［J］．全国流通经济，2023（05）：61.

第六章 绩效考评管理的方法和应用

第一节 绩效考评管理的方法和工具

绩效考评管理是组织内部的一项重要管理活动，旨在评估员工在工作岗位上的表现并为其提供反馈，以促进个人和组织的发展。“随着时代的发展，企业的管理方式也在不断更新，科学、精细化的绩效管理对于企业来说是至关重要的。”① 有效的绩效考评管理方法可以帮助组织提高员工的工作效率、激励员工发挥潜力、优化资源分配，并最终实现组织的战略目标。绩效考评管理的方法和具体工具如下。

一、目标管理

目标管理（MBO）综合了对工作的兴趣与人的价值，强调在工作中满足社会需求，同时又致力于组织目标的实现，这样就实现了工作和人的需要两者的统一。

（一）目标管理的解读

目标管理法通过为每位员工设定明确的工作目标和任务，然后定期评估他们是否达到了这些目标来进行绩效评估。这有助于激励员工专注于关键任务，并使他们的工作与组织的战略目标保持一致。要深入理解目标管理，还应该从如下三个方面着手：

第一，目标管理是一种基本原则。目标管理通过将目标管理和自我控制结合，即通过持续深入地推进“员工参与”，将管理者和员工的注意力及努力引向一个共同的目标，来实现管理效率和效果的持续提升。各级管理者和全体员工通过明确需要达到的结果是什么，同时确保上级充分了解每个下级管理者的期望，建立起协作关系，从而将“要我做”变成“我要做”，最终把个人的潜力和责任心充分发挥出来，从而激励组织内所有人为共同的目标不懈努力。目标管理使组织成员充分而切实地参与决策，并采用自我控制、自我指导的方式，从而把个人目标与组织目标结合起来。

---

①薛冰．让关键绩效指标发挥关键作用［J］．人力资源，2022（14）：103.

第二，目标管理是一种责任。在目标管理中，每个员工都承担着自己所设定目标的责任。这种责任感体现在员工努力实现个人目标的过程中，同时也在为组织的整体目标贡献所需的努力。管理者不仅需要设定合适的目标，还需要激励员工追求卓越，鼓励他们对个人目标和组织目标负责任。通过明确的目标设定和责任分配，目标管理帮助组织中的每个成员明确自己的角色和任务，促进协作，提高整体绩效。

第三，目标管理是一种管理哲学。目标管理之所以可以称为一种管理哲学，突出表现在它适用于所有人，不受其职位和职责差异的影响，其也适用于任何类型的组织，不管组织性质和规模如何。目标管理通过将人类行动、人类行为和人类动机等基本概念与管理工作实践相结合，体现了管理实践的一种基本趋向；也通过将组织目标转化为个人目标，充分激发出员工的内在动力，使组织绩效得到了保障。可以说目标管理是在探索管理哲学的基本问题（管理是什么、为什么和怎么做）的基础上发展起来的系统管理理论。

（二）目标管理的实施

1. 目标管理实施的步骤

目标管理的实施是一个持续的管理过程，具体包括计划目标、实施目标、评价结果、反馈四个步骤。

（1）计划目标。计划目标是目标管理最重要的步骤，是指建立每位被评价者所应达到的目标。这一过程是通过目标分解来实现的，通常是评价者与被评价者共同制定目标。在此需要明确的是：本部门的员工如何才能为部门目标的实现做出贡献。通过计划过程可以明确期望达到的结果，以及为达到这一结果所应采取的方式、方法及所需的资源。同时，还要明确时间框架，即当他们为这一目标努力时，了解自己目前在做什么，已经做了什么和下一步还将要做什么，以及合理安排时间。该环节需要高度重视两个方面的内容：一是需要明确目标的类型；二是需要具体问题具体分析，制定出适合组织管理实际的目标体系。

（2）实施目标。实施目标就是对计划实施的监控，是保证制订的计划按预想的步骤进行，掌握计划进度，及时发现问题。如果发现成果不及预期，应及时采取适当的矫正行动，必要时还可对计划进行修改。同时通过监控，也可使管理者注意到组织环境对员工工作表现产生的影响，从而帮助被评价者克服这些他们无法控制的客观环境。

（3）评价结果。评价结果是将实际达到的目标与预先设定的目标相比较。这样做的目的是使评价者能够找出未能达到的目标，或实际达到的目标远远超出了预先设定的目标的原因，有助于管理者做出合理的决策。

（4）反馈。反馈就是管理者与员工一起回顾整个周期，对预期目标的达成和进度进行讨论，从而为制定下一绩效周期的目标及战略制定或战略调整做好准备。凡是已成功实现目标的被评价者都可以而且愿意参与下一次新目标的设置过程。

2. 目标管理实施的条件

成功实施目标管理的关键点主要体现在如下四个方面：

（1）选择有效的管理风格。员工参与是目标管理的精髓。在成功的目标管理中，普遍采用的管理风格是参与式管理。从目标制定、目标实施和结果评价的全过程都离不开员工的参与。管理者只有和员工进行了充分的、持续的沟通，才有利于充分激发员工的创造性、主动性和积极性，促使员工信守承诺，从而真正实现员工的自我控制和自我管理，进而确保目标的实现。

（2）做到组织层次分明。在目标管理实践中，组织层次分明是目标体系具体明确的前提和基础，而目标体系本身的科学性、具体性、明确性以及针对性则是目标管理成败的关键性因素；在组织混乱的情况下，很难有效推行目标管理。成功实施目标管理，要求所有管理者为已确定的目标负起绝对责任，即通过明确指定其具体承担的具体目标，同时授予相应的管理权限，来实现其对目标的负责。为每个组织成员制定目标，有助于发现组织设计上的弱点，即是否重复授予权限，或授予的权限与职责是否一致，但是这些弱点的纠正工作必须由最高管理部门进行。如果在职责和权限之间出现错位，往往会使目标无法达到，并且会使管理者受到很大的挫折。

（3）制定挑战性的目标。在目标管理中，目标制定是关键。大量的理论研究和管理实践都证明，具有挑战性的目标通常能带来高绩效。管理者和员工经过充分沟通制定出具有挑战性的目标，就成了目标管理成功的关键内容，其中对目标实现难度的把握非常关键。

（4）进行及时的工作反馈。时效性的反馈机制在实现目标过程中具备必要性，其体现在两个层面：首先，对于以成就为导向的管理者，他们对自身工作的反馈显得愈加关键。其次，这类管理者强调成就，对于日常文书工作、不必要的事务和原始数据的容忍度逐渐下降，而更偏向于借助于经过精心筛选、高质量、经过机构验证的数据，以最小的数据量在决策时直接应用。

二、标杆管理

标杆管理法是一种组织管理和改进的方法，旨在通过与其他优秀组织或业界最佳实践进行比较，识别出自身的弱点和改进的机会，从而提高绩效和效率。该方法强调不断学习和借鉴他人的成功经验，以实现持续的提升和创新。

（一）标杆管理的解读

标杆管理是通过不断寻找和研究同行一流公司的最佳实践，并以此为基准与本企业进行比较、分析、判断，使本企业不断得到改进，进入或赶超一流公司，从而创造优秀业绩的良性循环过程。标杆管理的核心是向业内外最优秀的企业学习，通过学习，企业重新思考和改进经营实践，创造自己的最佳实践，这实际上是模仿创新的过程。

标杆管理突破了产业界限，模糊了企业性质，重视实际经验，强调具体的环节和流程。其思想就是企业的业务、流程、环节都可以解剖、分解和细化；企业可以根据需要去寻找整体最佳实践或者优秀部分来进行标杆比较；通过比较和学习，企业重新思考和设计经营模式，借鉴先进的模式和理念，创造出适合自己的全新的最佳经营模式。通过标杆管理，企业能够明确产品、服务或流程方面的最高标准，然后做出必要的改进来达到这些标准。因此，标杆管理是一种摆脱传统的封闭式管理方法的有效工具。

（二）标杆管理的类型

1. 内部标杆管理

内部标杆管理以企业内部操作为基准，是最简单且易操作的标杆管理法之一。辨识企业内部最佳职能或流程及其实践，将其推广到组织的其他部门，从而实现信息共享，是企业提高绩效的最便捷的方法之一。但是，单独执行内部标杆管理的企业往往容易持有内向视野，产生封闭思维，因此内部标杆管理法应该与外部标杆管理法结合使用。

2. 竞争标杆管理

竞争标杆管理的目标是与有着相同市场的企业在产品、服务和工作流程等方面的绩效和实践进行比较，直接面对竞争者。它实施起来比较困难，原因在于除了公共领域的信息容易获取之外，有关竞争企业的其他信息较难获得。

3. 职能标杆管理

职能标杆管理是以行业领先者或某些企业的优秀职能操作为基准进行的标杆管理，标杆的基准是非竞争性外部企业及其职能或业务实践。由于没有直接的竞争者，职能标杆管理法的合作者常常愿意相互分享或提供一些技术和市场信息。

4. 流程标杆管理

流程标杆管理是以最佳工作流程为基准进行的标杆管理。由于比较的是类似的工作流程，因此流程标杆管理法可以跨不同类型的组织进行。它一般要求企业对整个工作流程和操作有很详细的了解。

（三）标杆管理的实施

标杆管理的规划实施有一整套逻辑严密的步骤，大体可分为以下五步：

第一，确认标杆管理的目标。在实施标杆管理的过程中，要坚持系统优化的思想，不是追求组织某个局部的优化，而是着眼于组织总体的最优。另外，要制定有效的实践准则，以避免实施过程中的盲目性。

第二，确定比较目标。比较目标就是能够为企业提供值得借鉴信息的组织或部门，比较目标的规模和性质不一定与企业相似，但应在特定方面为组织提供良好的借鉴。

第三，收集与分析数据，确定标杆。分析最佳实践和寻找标杆是一项比较烦琐的工作，但对于标杆管理的成效非常关键。标杆的寻找包括实地调查、数据收集、数据分析、与自身实践比较找出差距、确定标杆指标。标杆的确定为企业找到了改进的目标。

第四，系统学习和改进。这是实施标杆管理的关键。标杆管理的精髓在于创造一种环境，使组织成员在战略愿景下工作，自觉地学习和变革，创造出一系列有效的计划和行动，以实现组织的目标。另外，标杆管理往往涉及业务流程的重组和行为方式的变化。这时组织就需要采用培训、宣讲等各种方式，真正调动员工的积极性。

第五，评价与提高。实施标杆管理不能一蹴而就，而是一个长期渐进的过程。每一轮完成之后都有一项重要的后续工作，即重新检查和审视标杆研究的假设、标杆管理的目标和实际达到的效果，分析差距，找出原因，为下一轮改进打下基础。

标杆管理在企业发展中的重要作用已经逐渐被企业认同，其使用范围也从最初衡量制造部门的绩效发展到不同的业务职能部门，包括客户满意度、后勤和产品配送等方面。标杆管理也被应用于一些战略目的，如衡量一个企业在创造长期股东价值方面与产业内其他公司的差距等。标杆管理已经成为改善企业经营绩效、提高全球竞争优势最有用的一种管理工具，甚至很多非营利组织也开始采用这一工具。标杆管理作为一种管理思想，还可以与其他管理工具结合在一起使用，如在设置绩效目标或者提炼关键绩效指标时，都可以使用标杆管理。

三、关键绩效指标

进入 20 世纪 80 年代，随着管理实践的发展，绩效管理作为人力资源管理的重要方面，受到了更加广泛的关注。这一时期管理学界开始关注将绩效管理与企业战略相结合，并采用各种评估方法，将结果导向与行为导向的评估方法的优点相结合，强调工作行为与目标达成并重。在这种背景下，关键绩效指标应运而生。

（一）关键绩效指标的解读

所谓关键绩效指标，是指将组织战略目标经过层层分解而产生的、具有可操作性的、用以衡量组织战略实施效果的关键性指标体系。其目的是建立一种机制，将组织战略转化为内部流程和活动，从而促使组织获取持续的竞争优势。关键绩效指标作为一种战略性绩效管理工具，其核心思想是根据“二八”原则，认为找到组织的关键成功领域（KRA），洞悉组织的关键绩效要素（KPF），有效管理组织的关键绩效指标，就能以少治多、以点带面，从而实现组织战略目标，进而打造持续的竞争优势。其中，关键成功领域是为了实现组织战略而必须做好的工作；关键绩效要素是对关键成功领域的细化和定性描述，是制定关键绩效指标的依据。关键成功领域、关键绩效要素和关键绩效指标始终以战略为导向。

对关键绩效指标体系内涵的理解通常需要把握如下方面：

第一，关键绩效指标是衡量组织战略实施效果的关键性指标体系。组织战略对关键绩效指标具有决定性的作用。关键绩效指标体系的目的就是通过设计一套以战略为导向的管理机制，将组织战略转化为内部流程和活动，从而促使组织获取持续的竞争优势。因此，关键绩效指标必须确保能够衡量组织战略的实施效果，这具体包括如下两方面的含义：一方面，确保关键绩效指标是战略导向的，即关键绩效指标是由组织战略层层分解得出的，是对组织战略的进一步分解和细化；另一方面，确保关键绩效指标必须是“关键性的”，对组织成功具有重要影响。

第二，关键绩效指标反映的是最能有效影响组织价值创造的关键驱动因素。关键绩效指标是对驱动组织战略目标实现的关键领域和重要因素的深入发掘，它实际上提供了一种管理的思路。作为管理者，应该抓住关键绩效指标进行管理，通过关键绩效指标将员工的行为引向组织的战略目标方向。其主要目的是引导管理者将精力集中在能对绩效产生最大驱动力的经营行为上，及时了解和判断组织运营过程中出现的问题，及时采取提高绩效水平的改进措施。

第三，关键绩效指标体现的是对组织战略目标有增值作用的可衡量的绩效指标体系。关键绩效指标不是指与组织经营管理相关的所有指标，而是指对组织绩效起关键作用的指标。基于关键绩效指标的绩效管理，是连接个人绩效与组织战略目标的桥梁。通过关键绩效指标，可以落实组织的战略目标和业务重点，传递组织的价值导向，有效激励员工，确保对组织有贡献的行为受到鼓励，通过关键绩效指标将员工行为引向组织目标方向，从而促进组织和员工绩效的整体改进与全面提升。关键绩效指标还通过可量化或可行为化的方式，对管理者和员工的工作效果以及工作行为进行最直接的衡量。

（二）关键绩效指标的类型

根据不同的标准，可以将关键绩效指标分为不同的类型。目前，最常见的分类方式是按照绩效指标层次和绩效指标性质划分两种。

1. 按照关键绩效指标的层次划分

与绩效分为组织绩效、部门绩效和个人绩效一样，关键绩效指标体系也可以按照层次的差别分为组织关键绩效指标、部门关键绩效指标和个人关键绩效指标三个层次。其中组织关键绩效指标来自对组织战略的分解；部门关键绩效指标来自对组织关键绩效指标的承接和分解；个人关键绩效指标则来自对部门关键绩效指标的承接和分解。这三个层次的指标共同构成了组织整体的关键绩效指标体系。关键绩效指标体系的建立过程，强调在组织战略的牵引下，将组织的战略规划和目标通过自上而下的层层分解落实为组织、部门和个人的关键绩效指标，并通过在组织系统内推行关键绩效指标，将组织战略规划转化为内部管理过程和具体行动，从而确保战略目标的有效实施。

2. 按照关键绩效指标的性质划分

根据指标性质的不同可以将关键绩效指标分为财务指标、经营指标、服务指标和管理指标。其中财务指标侧重衡量组织创造的经济价值；经营指标侧重衡量组织经营运作流程的绩效；服务指标侧重衡量利益相关者对组织及其所提供的产品和服务的态度；管理指标侧重衡量组织日常管理的效率和效果。

虽然关键绩效指标根据不同的分类方式可以分为不同的类型，但是在实际构建以关键绩效指标为基础的绩效管理系统的时候，通常是以组织关键绩效指标、部门关键绩效指标和个人关键绩效指标为主体，其他分类方式为补充的。在管理实践中，关键绩效指标不是绩效指标的全部，还有一类绩效指标来源于部门或个人的工作职责，体现了组织各层次具体工作职责的基础要求，通常被称为一般绩效指标（PI）。

在设计基于关键绩效指标的绩效管理体系时，通常组织层面的绩效指标都是关键绩效指标，而部门层面的绩效指标和个人层面的绩效指标则由关键绩效指标和一般绩效指标共同构成。但是，不同部门所承担两类指标的构成不同，有的部门承担的关键绩效指标多，有的部门承担的关键绩效指标少，有的部门甚至不承担关键绩效指标。例如，对于一些支持性部门（如办公室、财务部、人力资源部等）而言，它们的绩效指标更多的是来自部门的职能或职责，而不是源于组织战略的分解，因此这类部门的一般绩效指标所占比重较大，而关键绩效指标所占比重相对较小。另外，个人层面的绩效指标构成也是由关键绩效指标和一般绩效指标构成。

四、平衡计分卡

平衡计分卡是一种绩效管理工具和方法，旨在帮助组织从多个维度全面衡量和管理绩效，以促进战略的执行和组织的可持续发展。平衡计分卡不仅关注财务绩效，还强调非财务维度，如顾客、内部业务流程和学习与成长。“平衡计分卡的引入可全面提升财务绩效评价的客观性，对于揭示企业财务问题、提高财务决策正确性有着很大帮助。”① 通过平衡计分卡，组织可以更好地了解战略目标的实现情况，并进行有效的战略规划和绩效改进。

（一）平衡计分卡的特点

1. 始终围绕战略核心

平衡计分卡以提升战略执行力为出发点，始终围绕战略核心，全面阐述战略衡量、战略管理、战略描述、战略协同、连接战略与运营，使平衡计分卡发展成为以战略为核心的管理工具、绩效管理工具和战略沟通工具。以战略为核心是平衡计分卡最根本的特点，这一特点全面体现在其整个发展历程之中，也是其功能定位的基石。

2. 注重协调一致

为了实现化战略为行动的目的，平衡计分卡将协调一致提升到了战略的高度，认为协同不仅是创造企业衍生价值的根本途径，也是实现客户价值主张的必要保障，有必要形成一套严谨的协同机制以确保战略“落地”。

（1）从逻辑上明晰协同思路。平衡计分卡通过战略地图，围绕“为谁创造价值”和“如何创造价值”，形成了一系列因果链条贯穿起来的一个有机整体，其中通过四个层面之间具有因果关系的目标体系，构建了一套在横向和纵向上都协同的管理体系。

（2）从体系上整合协同主体。在明晰组织协同的逻辑关系的基础上，卡普兰和诺顿从组织体系上对协同的主体进行了分析，确定了外部协同和内部协同中四种不同的协同关系，涉及企业总部、董事会、总部职能部门、经营单位、支持服务部门、客户和外部合作伙伴七个协同主体和企业价值主张、公司与董事会/股东、公司与公司支持单元、公司与业务单元、支持单元与业务单元、业务单元与客户、业务单元与供应商/战略合作伙伴、业务支持单元与公司支持单元八个协同查验点。通过目标之间的因果或协作关系以及指标之间的关联性，平衡计分卡创造企业衍生价值的协同思想覆盖了组织的整个架构体系。

（3）从机制上保障协同效果。平衡计分卡包含了一整套用以保障协同效果的管理

①张印红．平衡计分卡在企业财务绩效管理中的应用［J］．中国产经，2023（10）：116.

机制，包括管理工具、管理流程、保障机制、沟通机制、监测和控制机制以及激励政策等。战略地图和平衡计分卡是协同的管理工具，也可以说是协同的操作平台，它从财务、客户、内部业务流程、学习与成长四个层面界定了协同的内容，以及协同效果的衡量指标。

3. 强调有效平衡

平衡计分卡所强调的平衡，不是平均主义，不是为平衡而平衡，而是一种有效平衡。这种有效平衡是指在战略的指导下，通过平衡计分卡各层面内部以及各层面之间的目标组合和目标因果关系链，合理设计和组合财务与非财务、长期与短期、内部群体与外部群体、客观与主观判断、前置与滞后等不同类型的目标和指标，实现组织内外部各方力量和利益的有效平衡。

（1）财务指标与非财务指标的平衡。为了弥补传统业绩衡量模式单纯依赖财务绩效指标的局限性，平衡计分卡引入了客户、内部业务流程、人力资源、信息管理、组织发展等方面的非财务指标，对组织绩效进行综合评价，这是平衡计分卡的基本特征。

（2）长期目标与短期目标的平衡。企业的主要目标是创造持续增长的股东价值，它意味着一种长期承诺，但是企业必须同时创造出较高的短期业绩。在平衡计分卡中，内部业务流程层面的每一类内部流程为组织带来益处的时间段都不同，管理者可以通过内部流程的组合，形成不同的战略主题，以确保企业的长短期利益能够得以兼顾，从而实现可持续发展。

（3）外部群体评价指标与内部群体评价指标的平衡。作为社会系统的构成单元，组织的经营管理决策和行为总是受政府、股东、客户等外部利益相关者的影响。同时，内部业务单元和支持单元也需要组成一个协同系统，并且员工的特点和诉求也有差异。平衡计分卡认识到在实施战略的过程中有效平衡这些群体的利益的重要性。

（4）客观指标与主观判断指标的平衡。传统的业绩衡量模式偏重从财务数据上考察员工个人的工作成效和组织的整体经营成果，在指标选择上过于强化定量指标，这样难免忽略一些十分重要的定性指标。而平衡计分卡所倡导的定性与定量的结合，仅包括能够即时获取客观数据的财务类指标，而且纳入了客户、流程以及无形资产方面的指标。很多定性指标，尤其是关于无形资产的衡量指标，常常难以根据单一数据对其做出准确判断，而更多地依赖亲身体验、主观感受和经验判断。

（5）前置指标与滞后指标的平衡。一般来说，对工作过程或阶段性成果进行衡量的指标为前置指标，对工作的最终结果进行衡量的指标为滞后指标。在平衡计分卡四个层面中，财务和客户层面描述了组织预期达成的绩效结果，属于前置指标。而内部业务流程和学习与成长层面则描述了组织如何达成战略的驱动因素，需要在管理实践中动态管理，属于滞后指标。

（二）平衡计分卡的实施过程

第一，制定战略目标：明确组织的战略目标和愿景，将其转化为具体的绩效指标。

第二，选择衡量指标：为每个维度选择合适的衡量指标，确保绩效评估全面而准确。

第三，设定目标和权重：为每个指标设定具体的目标值和权重，以反映其重要性和优先级。

第四，收集和分析数据：定期收集和分析各维度的数据，评估绩效表现，发现问题和改进机会。

第五，制定改进计划：根据数据分析结果，制定改进计划并跟踪执行情况。

平衡计分卡方法强调绩效管理的综合性和平衡性，帮助组织从多个角度审视自身的运营情况，推动战略实施和持续改进，以实现长期竞争优势和可持续发展。

第二节 绩效考评管理的应用实践

一、企业绩效管理存在问题

（一）员工对公司绩效管理认识不足

公司的经营和发展与公司制度的完善性、规范性、科学性密不可分，但是管理制度作用的发挥，需要全体员工积极地认可和参与，才能发挥其价值。就企业当前实际情况看，绩效管理目前存在认知偏差，管理层认为绩效管理是日常管理的一种方式，而员工也认为绩效管理就是为了考核他们，对于非销售人员更是认为绩效就是走形式走过场现象，这种认知偏差可能会导致绩效管理的误解，同时也会影响企业的发展；另一方面，由于认识尚浅，绩效管理缺失的相应的环节，比如在绩效考核结束后，公司对于绩效反馈沟通没有明确的申诉途径，也没有与员工主动沟通，这就会导致无法根据问题进行绩效考核的更改。

企业管理层对于绩效管理的全面认识不够，导致无法有效地传达和解释绩效管理的相关内容。更多的是流于形式，没有真正利用起来，发挥绩效管理的作用，这样的企业文化氛围会导致员工也不重视绩效考核，认为都是走流程而已，对于业务人员来说，他们会认为公司只是看重业绩，并不看重过程和其他表现，容易产生消极心理，而对于其他工作人员来说更加不注重绩效管理。

（二）绩效管理与公司战略目标没有紧密结合

绩效管理的最终目的就是帮助公司实现组织战略目标。企业虽然有明确的战略目标，但是非业务人员不参与绩效考核，当然对战略目标也不会在意，这就导致非业务人员可能连基本的战略目标都不清楚，全员没有形成统一的认知，对于业务人员，战略目标仅是一个需要完成的数字，没有从财务、客户、内部运营、学习发展等多个角度进行分析。在实际的绩效管理工作中，职能部门只做好自己的本职工作，对于一些对实现组织战略目标的关键性动作并不能体会到，也会出现非业务部门并不了解公司战略目标，因此配合度较低，造成客户服务以及流程上的疏忽，这就违背了绩效管理的初衷和意义了。公司战略目标的实现，需要所有部门相互配合协调，不是仅仅靠一个部门就可以完成的，企业的绩效管理只针对业务人员，而忽视其他部门对于战略目标达成的作用，这会导致非业务人员认为战略目标与自己没有关系，以上这些现象，会导致绩效管理与战略目标之间联系不紧密。

（三）绩效管理过程缺乏监控与辅导

企业并没有明确的绩效管理沟通渠道，由管理者单方面进行绩效计划的制定和考核，员工基本不参与绩效计划的制定，属于被动地接受和告知。绩效评价和绩效反馈阶段也没有合理的申诉沟通途径，这会导致员工不认可绩效考核，久而久之管理层和员工缺乏相互沟通，绩效管理工作就很难实施下去。绩效辅导工作对于管理者来说可以提高管理效率，提升管理能力，管理者可以通过定期的绩效辅导，及时发现员工的工作问题和不足，帮助员工制定合适的工作计划和解决方案。同时，及时的绩效反馈和辅导，还可以增强员工对公司的认同感和归属感，进一步提升员工的工作积极性和工作质量，激发员工的工作积极性和认同感；而对于被考核者来说，及时有效的绩效辅导有利于自己工作的高效完成，也有利于保持良好的工作情绪，可以达到公司与个人的共同成长。

（四）绩效考核方式不科学

企业主要运用 KPI 关键绩效指标考核法来进行，考核周期分别为月度、季度、年度，考核人员包括销售人员和客服人员，对于其他人员企业并没有设置绩效考核，非业务人员比如财务、产品、人事人员虽无法量化工作指标，但也应进行绩效考核，与业务人员相呼应，共同为公司的战略目标服务，因此单一的绩效考核方式并不能满足企业现在的发展需求，可以将360度绩效考核法与KPI关键绩效指标考核法相结合，部门与部门之间相互牵制，优化部门协作流程，提高工作效率，提升每个人的绩效水平。

企业现有的绩效考核是针对业务人员和客服人员的，主要由任务考核和行为考核两部分构成，业务人员的任务考核只针对三类产品的业绩进行考核，也就是只针对结果进行考核，对于这一过程的关键行为并没有重视，其他对业绩有关键行为的影响因素也没有在考核中体现出来，这样就会导致员工过于关注业绩结果，而不去思考如何完成业绩，反而会事倍功半。客服人员的任务考核范围更加模糊，主要包括工作完成率、及时率、合格率三个维度，没有可量化的工作任务，目标大而空，绩效评价也是上级主观判断进行打分，绩效考核形式化，没有达到绩效考核的真正目的。

（五）绩效考核结果应用方式单一

企业的绩效考核结果运用单一，现有制度只体现在了业务员销售业绩上的绩效奖金奖励以及底薪的浮动，对于每月绩效的完成也只关注业绩部分，其余岗位由于指标设计不科学的原因，基本都是满分。虽然物质奖励能够有效激励员工，但是如果过度依赖物质奖励，可能会产生副作用，从而影响员工的工作动机和自我激励。企业只将绩效考核中业绩部分与员工绩效奖金和底薪以及年底奖金挂钩，容易造成员工的不满情绪，部分员工会觉得没有公平性，只关注结果的绩效考核会让员工越来越不注重自我提升，而自我提升与业绩结果又相辅相成，因此只关注业绩结果容易进入恶循环，造成人人都为自己考虑的不良企业文化，并且企业的绩效考核只针对业务人员，其余人员并没有所谓的绩效结果的应用，这势必会影响到绩效管理价值的发挥。

上述情况的存在主要还是由于管理者对于绩效管理工作认知尚浅，没有认识到绩效管理是一种科学的管理手段，也是员工自我实现的一种方式，不仅可以帮助管理者提高管理效率，提升管理能力，同时也可以帮助员工自我提升。因此，企业需要丰富绩效考核结果的应用，采取多种不同的激励方式，以全面提高员工的积极性和工作质量。

二、企业绩效管理优化策略

基于绩效管理的各个流程，结合企业目前的问题和企业的自身特征，进行各个环节的优化。主要从员工的重视程度、绩效管理与战略目标的结合、员工的绩效考核的优化、考核工具的选择、绩效管理过程监控和辅导、绩效考核结果的合理应用等方面进行优化。

（一）构建绩效管理文化，提升员工重视程度

业绩效管理策略需融入员工文化认同。当员工将绩效管理视为仅为考核和奖金之手段

时，其内在职责感与发展机遇感将遭到削弱，绩效管理的固有价值也因此减退。因此，公司需加强绩效管理的宣导与培训，以明确员工对绩效管理的认知，促使其意识到其重要性与价值，同时鼓励员工积极参与绩效管理的各个层面，以提升其文化认同度。在这种有益的文化认同氛围的支持下，绩效管理始能真正显现效益，进而助力公司的可持续发展。因此，为实现企业战略目标，构建科学完善的绩效管理框架必须与相应的公司文化相契合。在实际操作中，特别需关注以下关键方面：

1. 做好绩效管理的宣传与培训

企业的绩效管理没有达到预期效果，很大一部分原因是公司层面没有做好绩效管理制度的宣传和培训，没有引起员工足够的重视。首先管理层要先进行培训，确保管理层能够理解绩效管理制度，然后管理层再向员工层进行宣传培训。通过此种方法，让员工了解到绩效管理体系对于公司和个人的意义，明确公司绩效考核方法，以及在绩效管理实施过程中应如何沟通，确保员工知道沟通途径，了解绩效考核的奖惩办法。例如，可以通过每月让绩效考核优秀的员工进行分享等方式，营造绩效管理企业文化氛围。

2. 加强绩效管理的学习

公司中高层管理者要加强绩效管理的学习，积极参与到绩效管理的优化和改进当中。在平时，中高层管理者应注重绩效管理专业知识的学习，从思想认知上提高管理水平，并且在日常培训和会议中渗透给每位员工，创造良好的企业文化氛围，同时也可以倡导基层员工与管理层员工一起参与其中，强调绩效管理是组织战略目标与个人目标相辅相成共同实现的一个过程，可以提高员工的认同感以及对于绩效管理的支持度。

3. 成立绩效管理实施和改进小组

成立绩效管理实施和改进小组，设置专门职能负责绩效管理。该小组包含中层管理和总经理，全面负责公司绩效管理工作。首先，通过培训，员工将了解绩效管理的意义和作用，学习如何设定明确的目标并实现它们，以及如何评价和反思自己的表现。此外，可以通过引导员工了解公司的文化、价值观和整体目标，增强员工对公司的认同感，让其更好地理解和接受公司的绩效管理制度。通过这些培训活动，可以完善公司的绩效管理制度，根据实际情况和反馈对需要改进的方面进行调整和完善，使公司的绩效管理制度更加完善以及具有可操作性，最终达到公司战略目标的有效实现。其次，为绩效计划制定提供支持，根据公司的实际情况和需求，提供相应的数据和建议，帮助公司进行绩效计划制定，从而有效地推动公司战略目标的实现。最后，绩效反馈阶段应及时给予员工相应的绩效反馈，以激励员工更好地发挥自己的工作能力。

（二）制定绩效计划，与战略目标有机结合

绩效管理在现代企业管理中扮演着至关重要的角色，它不仅有助于激励员工，提高工作效率，还能推动组织向着战略目标迈进。在这一过程中，合理制定绩效计划并将其与企业的战略目标有机结合，成为确保绩效管理体系发挥最大价值的关键因素。

首先，绩效管理体系的建立和完善必须源自企业的战略目标。企业制定战略目标是为了在竞争激烈的市场环境中获得优势，实现长期可持续发展。绩效管理应当紧密围绕这些目标展开，确保绩效评估的方向与企业的整体发展方向一致。如果绩效管理体系与战略目标背道而驰，可能会导致资源浪费、员工士气下降以及整体业绩偏离预期。因此，合理制定绩效计划要求管理层深入了解企业战略，将绩效指标与战略目标紧密对接，确保绩效管理成为推动战略实施的有力工具。

其次，将绩效计划与企业战略目标有机结合能够最大程度地发挥绩效管理的价值。绩效管理不仅仅是一个评价员工工作表现的过程，更应当成为激励、引导和指导员工行为的手段。当绩效计划与战略目标有机结合时，员工将更加明确自己的工作任务与组织整体目标之间的关联，从而能够更有动力地努力工作，为实现企业战略目标做出贡献。例如，如果一个企业的战略目标是在市场上建立领先地位，那么绩效计划可以设定与市场份额增长、市场份额维持等指标相关的目标，激励员工为市场竞争不断努力。这样的绩效计划能够有效地将员工的个人目标与企业整体战略目标相结合，推动全员协同合作，实现更好的绩效。

总之，合理制定绩效计划并将其与企业战略目标有机结合，是确保绩效管理体系发挥最大价值的关键一步。这种融合能够使绩效管理成为战略实施的强大驱动力，促使员工在工作中更加聚焦、高效，并为企业的长期发展注入动力。管理层应当深刻认识到绩效管理与战略目标之间的密切关联，将绩效计划设计得精准明晰，以实现员工、组织和战略的共赢。

（三）优化员工绩效考核，优选考核工具

战略目标的达成需要全体员工共同的努力以及统一的认知，企业通过目标管理需要每个人都承担达成公司战略目标的关键任务和行为，并不是单单靠业务人员就可达成的，因此需要将绩效考核的范围从原来仅限于业务部门扩大至全公司，让所有员工都认识到绩效考核的重要性并参与其中，这样可以提升员工的重视程度，并促进各部门之间的协作。

为解决企业绩效管理方面存在的问题，可以将公司的全部岗位分为两大类：一类是业务人员，这类人员与公司的战略目标联系非常紧密，能够较好地运用量化 KPI 指标来进行

绩效管理，在上文已经详细的设计了销售部门员工的月度 KPI 指标；另一类是非业务人员，比如客服人员、行政人事财务人员，这类人员虽然与公司的战略目标没有直接联系，但是却起着协调连接各业务流程的重要角色。360 考核法可以作为 KPI 考核法的补充，针对无法量化的职位可以选取 360 考核法，对于企业来说非业务人员主要是财务部、客服部、产品部，这三个部门的工作内容无法进行量化，但是与公司的战略目标的达成又息息相关，因此也应进行绩效考核。

360 度考核与 KPI 考核相互补充，以此来完善企业的绩效考核体系。但是 360 度考核法同样也会有相应的弊端，比如关系好的员工会给彼此打出高分，存在利益关系的员工之间，也会进行虚假打分，那么结果的信度就不可靠，加之 360 度考核法需要公司全体员工的参与，需要耗费大量的人力与时间成本，因此针对像企业这种规模较小的公司，建议可以以部门为单位进行 360 度考核，让全体员工进行打分，因为财务部、客服部、产品部均具有服务属性，因此以部门为单位进行全体员工的评价，可以增强评分的公平性和真实性，也可以激发部门负责人的管理能力，更易打造专业化团队，同时也有利于增强部门与部门之间的配合以及部门内部的团队作战能力。

（四）加强过程监控与辅导，提升员工绩效水平

在对企业进行调研分析的基础上，企业对于绩效管理过程的监控和辅导还有诸多不足。在绩效辅导阶段，企业应有相应的沟通机制和途径，将这一环节规范化。这一环节主要由部门负责人全权负责，在绩效考核的初期应进行一次沟通，对本月考核指标的设置和目标继续沟通，解答员工疑问，沟通业绩达成方式方法，在绩效考核的中期应随时关注员工绩效完成情况，进行及时沟通和问题解决，绩效完成后也应进行第三次沟通，进行总结和改进，保证部门负责人对每位员工的工作能够做到充分了解。以上沟通的方式可以根据公司的特点和部门负责人的管理风格具体进行制定。如果能够进行有效的过程管理，不仅有利于员工绩效水平的提升，态度的改进，也有利于管理者随时调整本部门的工作方式和节奏，提高自身管理水平。因此，企业在实施绩效管理的工作当中，应完善沟通机制，过程辅导，具体而言，明确了以下三种形式：

第一，日例会。可以以天为单位，进行简短的会议，了解员工工作的进度，和工作中遇到的困难，此会议的目的是为了实时关注员工的工作状态和工作中遇到的困难，以便第二天更有效率的工作。

第二，周例会。可以以周为单位，进行周例会。此会议着重总结本周完成的工作进度以遇到的典型困难，进行案例分析和解决，同时管理者可以结合每位员工的绩效表现情况进行分析指导，及时调整员工工作方向，促进员工绩效考核的顺利完成。

第三，月例会。企业以一个月为一个考核周期。此会议的目的主要是复盘上月度绩效完成情况和公示下月绩效考核计划。此会议可以针对完成绩效考核的员工进行分享和奖励，对于未完成的共性指标，进行全方位的分析，找到此类问题的解决方案。针对下月度绩效目标进行宣导和传达，确保每位员工都知悉自己下月度的目标和计划。

（五）优化绩效考核结果应用，提升员工积极性

1. 根据绩效考核结果进行岗位调整、员工培训

通过绩效考核，企业可以了解每位员工每月的绩效完成情况，企业可以按季度或者年度进行员工绩效考核结果的分析，通过对结果的分析了解每位员工的工作完成情况，对于员工进行排名，例如，可以将排名用 A-B-C-D-E 进行呈现，针对 B、C 类员工，应重点关注还有哪些绩效指标可以提升，哪些工作能力可以提升，对于这类员工，企业需要注重技能培训，这方面的培训需要按需培训，针对此类员工所欠缺的技能进行定期培训，帮助此类员工进一步提升自己的工作能力。针对 D 类员工需要进行岗位分析，人才画像的梳理，通过沟通了解 D 类员工的工作态度，来判断是否继续任用还是换岗。针对 E 类员工，企业需要进行相应的处理，给予降职或者罢免。绩效考核结果要充分运用到日常的管理当中，公司如果给予绩效管理足够的重视，那么就不会轻视绩效结果的应用。对于 A 类员工要做好奖励或者升职的准备，及时做好岗位调整，为公司人才的储备创造条件，也可以体现公司对于绩效管理的重视，这种重视也会潜移默化地传递给公司的每一位员工，这样就有利于绩效管理的实施和运行。

2. 根据绩效考核结果进行薪资与奖金调整

绩效奖金是物质激励的一种方式，它可以激发员工的工作积极性，满足员工的物质需求，这一需求仍是大多数员工最主要的需求，因此根据绩效考核结果进行绩效奖金的发放是非常有必要的。首先企业应该针对全员进行绩效考核的奖惩，让全体员工都参与进来，只有与每个人的利益挂钩，员工才会重视起来。对于奖金的设置有如下方法：

（1）将非业务人员的基本工资的 20%作为绩效工资，并将其制度化，保证公开透明性，让全体员工都知悉，通过此办法，可以提高非业务人员的工作积极性和工作配合度，之前非业务人员不涉及绩效，并没有良好的效果，因此绩效管理需要全员参与并设置绩效工资。

（2）对于业务人员设置月度、季度、年度绩效奖金，对于绩效完成度高的员工应给予充分的物质奖励。由于企业是销售型公司，公司的利润来源很大一部分来源于业务人员的业绩表现，因此对于业务人员物质激励是不可缺少的。

3. 根据绩效考核结果进行指标与流程的优化

绩效管理是动态的运行着的系统，系统想要良性的运作，是需要不断的迭代升级，那么每一个绩效管理周期结束，应当针对这一周期进行复盘、问题分析、优化，充分利用好月度、年度绩效考核结果，做好解决方案，为下一个周期的绩效管理做好充分的准备。

第三节 人工智能在绩效考评管理中的应用

随着现代科技的进步与经济环境的变迁，人工智能技术已逐渐应用于各行各业。人力资源作为第一资源更是受到了越来越多的关注和研究，而绩效管理作为人力资源管理的核心职能更是具有重大的研究价值。目前，传统的绩效管理模式最大的问题在于如何制定合理的绩效考核方案以及如何系统化整理考核数据。对此，绩效管理与人工智能技术结合匹配的需求愈加强烈，趋势愈加明显。在当下人工智能时代，如何进行企业绩效管理模式的改革和创新是企业管理者亟待应对的问题。因此，探究企业绩效管理与人工智能结合的运作新模式具有重大意义和深远影响。

一、人工智能在绩效考评管理中的机遇和挑战

（一）人工智能在绩效考评管理中的机遇

人工智能在绩效管理领域的完善和发展给企业传统的绩效管理方式带来了新的机遇和变革，主要体现在以下方面：

首先，人工智能为企业带来了新的工作模式，即“人机结合”。通过将人力资源与人工智能相结合，企业可以实现绩效管理的自动化和智能化。传统绩效管理往往需要管理者花费大量时间和精力进行数据的收集、整理和分析，而人工智能可以通过数据挖掘和分析，自动化地处理大量绩效数据，提供准确的绩效评估结果。这使得管理者能够从繁琐的操作中解放出来，将更多的时间用于处理更为复杂的问题，进而提升企业的决策效率和核心竞争力。

其次，人工智能技术在绩效考核体系方面的创新，能够有效地消除传统绩效考核中存在的主观因素和不公平现象。传统绩效考核常常受到人为因素的影响，例如个人喜好、人际关系等，导致评价结果不够客观和公正。而人工智能可以通过分析大量的绩效数据和相关指标，建立起客观的评价体系，减少人为干预，从而确保绩效评价的公平性和准确性。此外，人工智能的高效性和快速性也能够提高绩效考核数据的时效性，使得高层领导能够

更及时地作出决策，从而使企业的管理更为科学和合理。

综上所述，人工智能在绩效管理领域的发展为企业带来了全新的机遇和变革。通过实现“人机结合”工作模式，企业能够提高人力资源的使用效率，将管理者从繁琐的操作中解放出来。同时，人工智能的应用也能够创新绩效考核体系，消除主观因素，提高评价的客观性和时效性。这些变革将有助于企业更好地管理人力资源，提升绩效水平，实现持续的创新和竞争优势。

（二）人工智能在绩效考评管理中的挑战

人工智能技术虽然展现了强大的作用和价值，但在应用过程中也面临着企业现实条件的约束与挑战，具体如下：

首先，企业信息安全面临威胁。随着互联网时代的快速发展，企业的各类信息以及员工个人信息都趋于数字化和透明化。虽然人工智能可以用于更高效的数据管理和分析，但数据的数字化也使得企业在信息保护方面面临更大的挑战。绩效管理涉及大量员工的绩效数据，如果没有完善的信息保护体系，可能导致员工个人隐私和商业机密泄露的风险，从而影响企业声誉和稳定性。

其次，人工智能应用需要高成本投入。尽管人工智能为企业提供了更精确和智能化的绩效管理解决方案，但建立和维护一个完善的人工智能绩效管理体系仍然需要相当高的成本。这包括人工智能技术的研发、数据分析系统的建设、硬件设备的购置等方面的投资。企业可能需要投入大量的资金和资源，从而增加了经济负担。

最后，获取高质量有价值的数据具有挑战性。人工智能绩效管理体系的有效运行需要大量的数据作为支撑。然而，数据的质量和数量是影响人工智能算法准确性和有效性的关键因素之一。企业可能面临数据质量不高、缺乏充足的历史数据以及数据收集过程中的困难等问题。此外，在海量数据中准确地挖掘有价值的信息也是一项挑战，需要先进的数据分析技术和方法。

二、基于人工智能时代的绩效管理改革优化

（一）绩效计划优化

作为绩效管理的第一个环节，绩效计划是绩效管理成功实施的关键因素，此前企业若需制定一套具有较高系统性、协调性和可操作性的绩效计划需经过大量的数据分析和沟通协调，而人工智能绩效管理系统可以通过分析企业的内外部环境、战略目标以及历年的业绩和指标，快速设计出更为科学的绩效方案，此外人工智能绩效管理系统依靠其快速、精

准、高效的计算分析能力使得绩效方案的可行性大大提高。

（二）绩效监控优化

在绩效实施管理的过程中，人工智能绩效管理系统通过构建企业大数据平台，将员工的过程绩效和结果绩效实时录入到平台当中，及时对员工的工作时间、工作态度、工作负荷量和工作完成情况进行分析和预测，并对绩效较差的员工进行必要的绩效调整和绩效指导工作。它还要求员工及时向系统反馈问题，确保每个员工的行为数据、心理数据和绩效结果都能够拥有完整的数据记录。员工在通过人工智能绩效管理系统了解自己工作绩效的同时还可以共享其他员工的绩效数据，让员工在与其他员工进行比较的同时实现自我调节，及时找到差距，从而互相鼓励和学习。同时，人工智能绩效管理系统所具备的实时分析功能可以增强企业绩效管理信息的时效性，避免产生分析滞后的问题，从而有利于实现部门和组织绩效的持续提升。

（三）绩效评价优化

当下企业绩效评价工作中常用的方法和工具有关键绩效指标法、目标管理法、平衡计分卡等，这些方法可以为企业形成一套较为全面、科学、有效的绩效考核体系，为员工的绩效考核工作提供有力的帮助。但以上绩效评价的方法存在着共同的问题：对每位员工进行考核评价的工作量较大从而导致企业人力资源部的工作压力大、工作强度高；领导对于员工进行绩效评价时存在“人情评价”现象，领导者的主观性会大大影响评价结果。将人工智能技术引进绩效评价环节是一项十分必需的改革，通过人工智能将海量员工的工作数据分析与公司确定的绩效考核指标对比，更加客观地提供具体信息来帮助领导对员工做出绩效评价，避免徇私舞弊现象。人工智能绩效考核新模式可节省大量人工成本，压缩绩效评价工作时间，保证绩效评价结果公正性，为企业产生巨大的经济效益。

（四）绩效反馈优化

大多数企业的绩效管理工作要求领导在绩效考核结果确定后与下属员工进行面对面的沟通与反馈，但据调查，实际上企业中的绩效反馈面谈制度大多形同虚设，实际工作完成并不到位，员工对于绩效考核指标不满意、对绩效考核结果有异议等问题却无处可讲。

因此，绩效反馈阶段可引进人工智能技术，利用人工智能高效收集信息、分析信息并快速导出分析结果。企业可使用人工智能将员工的基本信息进行统一管理，并将其日常工作表现记录到位，当员工对绩效考核结果存在疑惑时，人工智能技术可直接导出员工考核结果的依据及分析。另外，员工还可通过人工智能选择与领导非面对面直接沟通，而是通过绩效反馈平台进行反馈，这样可以为其减少心理压力与精神负担，从而更好地表达出员工内心对绩效考核指标、绩效考核制度、绩效考核结果等内容的真实感受与信息反馈。以上，既保证了绩效反馈信息的准确性与及时性，又达到了绩效反馈预期的效果，最终改进绩效管理工作，凝聚企业员工的向心力，增强企业在人力资源市场上的品牌性和竞争力。

综上所述，人工智能在绩效管理领域的应用和发展，可以给企业的绩效管理工作中的计划、监控、评价及反馈四个环节带来全新变革和体验，其在这四个环节所表现出来的优势都是传统绩效管理模式所不能比拟的。但我们也不能忽视人工智能绩效管理系统给企业带来的挑战和威胁，要想发挥人工智能在绩效管理工作中的最大效用，就要求企业管理者站在未来发展的高度，优化自身素质，迎合时代发展，积极应对人工智能带来的挑战，在不断的改革中实现企业的愿景和使命。

第七章 管理会计的发展趋势

第一节 管理会计的智能化转型

我国市场经济在信息技术及智能化快速发展的推动下，有了巨大的变化，同时也给我国会计改革和发展带来前所未有的机遇。面对新环境和新的发展要求，以业务事后核算为主的传统财务会计显然不能很好地适应，尤其是各类信息化系统不断推陈出新，所以也就对管理会计有了更高的要求。由于管理会计体系构建的情况，直接影响企业的经营管理水平，因此要求企业要应智能化发展的变化，充分利用智能化的优势，建立起与企业发展相适应且完善的管理会计信息系统，让管理会计能在提升企业经济效益、改善企业经营管理上绽放光彩。

一、智能化下管理会计的发展机遇和应用

（一）智能化下管理会计的发展机遇

1. 智能化给企业战略发展规划顺利实施提供可靠的保障

管理会计的一个重要职能便是实现企业的战略发展规划，这需要在决策和预算这两个方面具有充足的保障，才能够确保企业战略发展规划得以顺利实施。而在智能化时代下，移动互联网快速发展，加快了企业的信息资源获取和共享速度，企业能够在最短、最快的时间内获取发展所需的数据信息以及完成信息资源共享。可见，在智能化的支持下，能够有效提升企业信息传递和共享的效率，这给企业经营发展战略的规划带来极大的便利。企业在这样的智能化环境下开展管理会计工作，也能够收集许多有价值的信息资源，并在这些信息资源的基础上进行预算和决策，能够大大提升企业战略规划的有效性，让企业在竞争激烈的市场环境中作出更加科学合理的判断。

2. 智能化可有效降低企业经营管理中的财务风险

在传统的企业管理会计模式中，由于信息收集方式较为单一，导致会计信息在全面

性、真实性上不足，并且，企业也忽视与客户之间的信息沟通、交流，导致企业对客户的实际需求缺乏全面的了解，不仅降低了信息获取的时效性和及时性，而且不利于保证企业决策的科学性和正确性。而在智能化时代下，企业在实施管理会计时，可借助互联网等技术来获得企业发展所需的各项信息，这使得原有的具有很强局限性的、呆板的财务数据也得到了有效拓展，拓展至整个行业甚至是市场经济大环境中，这样可有效确保企业信息数据获取的全面性、有效性和及时性，同时企业可在整理与分析相关数据的基础上，及时发现企业经营管理实际中存在的各项问题，进而采取针对性的解决，有利于企业很好地规避决策风险。

3. 智能化有助于提升预算和决策的准确性、科学性及合理性

在智能化的作用下，企业内部信息传递、流通速度越来越快，不仅能够让企业资源共享效率大大提升，也能够促使企业内部各个职能部门之间的分工协作更加统一和完美。不同于以往的管理会计，智能化下的管理会计，可有效提升信息传播的效率，而且信息传播的途径更为广泛和便捷，这样企业便能够在最快且最短的时间内了解相关信息，从而有效掌握企业经营管理中的问题，可让企业彻底告别以往封闭式的信息管理，也能规避以往各职能部门由于缺乏整体意识而使得“信息孤岛”现象出现。企业可基于智能化技术基础上，建立起统一、完善的内部信息共享系统，促使内部各部门之间快速传递信息，同时为保障企业的预算和决策准确性、科学合理性提供可靠的信息支持。

（二）智能化时代下管理会计的应用方向

1. 智能化应用于全面预算管理中

全面预算管理对企业业务流程有着至关重要的作用，不仅能对企业各项业务进行统筹规划，而且能够对企业的业务结果进行科学评估，这对改善企业的绩效、明确企业未来的发展方向均有着重要的意义。随着智能化时代的到来，企业在实施全面预算管理过程中，有效利用智能化技术，以此帮助企业更好更快地适应瞬息万变的市场环境。具体来讲，在企业预算管理中应用智能化，可更好地发挥出预算管理的作用，有助于全面预算管理的有效实施，如在智能化下的预算，可让企业的相关数据在最短的时间内形成相应的预算报表，省去大量的人力资源，也减轻了财务人员的负担，同时在数据准确性、全面性上也有所保障。

2. 智能化应用于全面成本管控中

在管理会计中，成本管控是非常重要的一个环节，其关系着企业的经济效益，要求企业应在保证产品质量的前提下，合理有效地降低生产成本。目前，在管理会计中，主要采

取的成本管控方法是作业成本法，这一成本管理方法是以成本动因为基础，相比较传统的会计成本核算方法，其成本核算的准确性更高。但要想有效发挥作业成本法的作用，需要企业确保成本信息的真实性和可靠性。此时也就需要企业将智能化与全面成本管控有机融合，推动成本管理信息化的建设进程，并充分利用大数据等先进技术，对产品成本的组成、比例等进行科学分析，生成成本信息的各项指标，由此帮助企业管理者作出更加合理正确的决策。智能化与企业全面成本管控的结合，能够有效降低信息的失真率，可提升企业决策的正确性、有效性，进而促使企业核心竞争力有效提升。

3. 智能化应用于全面绩效管理中

智能化下管理会计的应用，也体现在绩效管理这一方面。目前许多企业会采用平衡计分卡这一方法来进行绩效管理，这一绩效评估工具，可实现对企业长期战略的管理和规划。但是在平衡计分卡的实际应用过程中，也需要全面有效的数据支持，包括财务数据和非财务数据，所以也就需要企业有效利用大数据技术，对非财务数据进行处理，并进行智能化分析，由此综合评价平衡计分卡的各个部分，从而有效提升企业绩效管理的水平。

4. 智能化在信息化系统升级改造中应用

以往企业在构建信息管理系统时，忽视内部信息与外部信息的有效衔接，导致企业信息的使用效果并不理想。针对这样的问题，需要企业抓住智能化带来的机遇，借助智能化和云计算技术，进行信息化系统的升级改造，由此建立起更加专业、更加全面的信息管理系统，比如可基于云计算基础上建立起有效的信息平台，促进信息快速传输和共享，进而提升企业信息使用的效率，并实现效益最大化。

二、智能化时代管理会计的应用策略

（一）转变观念，重视管理会计智能化建设

在智能化时代下，对企业管理会计有了更高的要求，此时企业管理层应及时转变落后的管理观念，重视管理会计的应用和创新发展，认识到管理会计在企业管理中的重要作用，加大管理会计智能化的宣传，让企业内部从上自下都具有新的管理会计意识，从而有效推动管理会计智能化应用有效实施。除此之外，企业要进一步推动信息化建设的进程，有效利用大数据、移动互联网、云计算等先进技术，推动管理会计信息化，为管理会计智能化应用提供可靠的支持，同时加大智能化管理会计软件的投入，选择与企业自身发展理念及经营理念相适应的智能化系统，并根据企业自身的特点，建立智能化标准体系，确保管理会计智能化建设的规范性，进而实现信息共享和信息资源高效利用。

（二）加强智能化人才队伍的建设

智能化时代各类财务软件广泛应用，智能化机器人也得到了广泛运用，以往重复性高、例行性较强的基础核算类工作，逐渐被人工智能所替代，使得传统的会计人员优势越来越弱，势必需要企业重视管理型财务会计人才的培养，实现管理会计智能的转变。为此，企业要建立科学合理的会计人才培养体系，并在实际培训中，要重视道德教育、综合能力教育的开展，将综合素质提升作为人才培养的主要目标。同时，应做好理论与实践并重，在对会计人员培训过程中，除了必要的理论知识讲解，也要重视其实际操作能力的提升，尤其是要让其熟悉和熟练运用各种财会软件。也要建立起科学全面的考核标准，端正会计人员的学习态度，促使其向新时代管理复合型会计人才转变。

（三）建立完善的管理会计信息安全系统

在智能化时代下，企业应确保所建立的信息系统智能化、高效化和集成化，如此才能够有效发挥出管理会计在企业经营管理和决策中的作用。但考虑管理会计智能化的应用，也给企业带来较突出信息安全问题，为确保管理会计真正运用到企业经营管理和决策中，也需要企业从制度层面着手，建立起完善的管理会计信息安全系统。具体需要企业建立健全完善的内外部会计监督机制，贯彻执行责任人制度，同时转变监督形式，从以往的事后监督向事前监管转变，及时掌握企业经济运行的情况，精准进行会计核算，提升会计信息的质量与安全。同时，强化信息技术建设，利用先进的技术手段，实现信息化系统完美的升级改造，让管理会计中所需的重要信息都能够通过信息化手段实现，为财务决策、预测工作提供更多有效数据支持的同时，形成对企业会计信息有力的安全保障，从而增加管理会计智能化的应用价值。

三、基于财务共享的管理会计信息化转型

（一）财务共享的认知

1. 财务共享的界定

财务共享指的是，将集团内各分公司的某些事务性功能集中处理，如会计账务处理、员工工资福利处理等。共享服务可以看作是新型管理模式，它的本质是依托互联网信息技术，将分散、零星的财务核算、流程审核等标准化工作聚集于一处，从而实现管理模式的优化。

财务共享以设立服务平台为依托载体，关联各个职能端口，为企业使用者提供便捷高

效信息处理服务，方便管理者作出企业最佳决策。它对企业各个部门的资源加以整合，信息可以随时被调用及分析，提高财务分析的准确性、效率性，降低企业成本，合理配置企业资源。

财务共享作为管理会计信息化的一部分，在科技发展的驱动下，起到了越来越重要的作用，把各财务领域细分模块常规操作进行归集，形成标准化的流程操作。在核算领域，它将账务处理归集至一处，实现账务核算信息化，更好地与管理会计相结合：在资金领域，它能拉通不同地区公司、职能部门资金收支情况，实时掌控资金风险及异常：在投融资领域，它归集各一线公司资金，减少一线沉淀资金，加快资金使用效率，同时依靠规模效应，在金融领域争取更有利的融资成本。在互联网迅速发展的时代，财务共享模式的出现，给各个企业带去机遇，既可以增强企业信息化处理能力，缩短企业决策周期，又能减少企业经营成本，为企业带来丰厚的回报。

2. 财务共享服务的理论依据

财务共享服务是一种模式，企业将自身财务核算、资金收付等职能进行多单位、跨地域集中处理。该模式是一种以信息技术为载体，处理流程为核心，客户需求为导向的服务模型，力求通过集中基础业务的手段，形成规模经济，达到节约成本、提高效率的目的，该模式在大型企业中能够起到降低运营成本、改变组织结构、优化企业的管理、提高内部流程周转效率的作用，给企业创造更大的价值。

财务共享服务可以共享财务资源，降低财务核算成本。财务人员进行日常成本费用的基础核算工作是每个企业都需要的职位，这些核算工作像粘贴单据，审核盖章，登记账簿这样的基础工作都非常简单琐碎并且耗时耗力。如果建立财务共享服务中心，这种核算职能的工作将交由统一的团队去完成，减少集团诸多公司的人工成本，同时释放出大量的财务人才进行财务管理。

随着生产水平的提高，社会经济的发展，企业也必须对内部流程进行调整来面对市场发展，而财务共享中心的出现，能够有效地将公司内部流程理顺畅。一方面，统一财务数据，让财务数据口径变得更有可比性，更有利于业务经营数据统计，为管理者提供明确的发展方向；另一方面，财务共享中心将业务进行流程化整合，让公司得到更通畅业务流程，提高企业的运行效率。当企业规模逐渐扩大，分离出各职能片区或者增加子公司时，也只需要在共享中心中增加分支，不需要进行子公司、职能片区财务单元的设置，从而降低公司运营成本，方便管理。

（1）规模经济理论。规模经济理论指随着当代社会经济的发展，公司生产力水平在不断提高，有能力有潜力的公司在不停扩大自身的生产规模，当企业产品数量提升的时候，相对应分摊到每个产品上的成本就会降低。所以扩充产能可以有效降低单位成本，提高企业净利润。

伴随着生产规模的扩大，厂家将有更多的资本投入到生产技术中，使得生产技术得到提升，企业规模也会逐渐扩大，职能分工也将逐渐专业化，推动着生产工具利用最大化。所以通常在一个企业的内部资产、人力等生产素材使用率达到最高时，企业生产产品的单位成本也就会最低。

财务共享服务正是规模经济理论在企业财务管理中的应用，也是现代企业财务管理体系的重要发展趋势。财务共享通过将集团各个单元财务业务进行集中，对基础的、同质化的核算业务进行集中处理，形成固定的处理模式和流程，即可以少量的人工和设备，实现对整个集团核算工作的标准化的生产。进而使得企业管理效率提升，实现收益增长，降低单位成本，达成规模经济。

（2）委托代理理论。委托代理理论是指委托人为了实现自身利益，委托他人或机构，与代理方签订委托代理协议，通过代理人的优势来实现自身既定的一些目标，通常委托人会给予报酬或激励手段，而代理人则在激励奖赏下完成代理事项。委托代理在社会上的企业中是经常存在的，主要原因有两个：一方面，委托人在不断扩大生产规模，快速发展企业的过程中，一些专业性较高的工作跟不上企业的发展，如果不妥善处理的话会影响企业发展。另一方面，有很多专业性强，完成度好的代理人，能够帮助委托人处理好自身无法解决的一些问题，更好地发挥专业职能。

财务共享服务就是委托代理理论的一个实际运用，财务共享中心是代理方，集团内部的其他子公司、事业部就是委托方，通过高标准的财务职能代理，委托方将财务工作委托给财务共享中心，不仅得到了专业的服务，更是节省了人工成本，解放人才去其他岗位。

（3）资源配置理论。资源配置理论，总体上来说就是企业将组织内部自身拥有的各种资源，以合理的规则进行配置，达到最大化、最优化地利用资源，使这些资源在企业的运行当中发挥最大的作用，给企业创造最大的价值。财务共享中心就是对企业财务资源的重新配置，转变财务资源的现有形势，通过集中财务人员和财务核算工作的方式，达到财务核算工作的最大效率，为企业创造价值。

（二）财务共享模式的优势

“随着现代化社会的逐渐发展，为了获取竞争优势，企业除了要做好规模的扩张以及业务的升级之外，更应该基于互联网技术，进一步构建和优化财务共享服务中心，一方面进一步降低企业的运营成本，另一方面加强企业财务风险的控制效率，增强企业的核心竞争力。”①

1. 降低企业成本

规模经济能够显著降低企业成本，当业务量增加时，人员数量将减少或业务规模将增加，而人员数量可以略微增加或不增加。在传统的财务管理模式下，财务组织是重复的，每个分支机构都需要分配会计人员。在财务共享模式下，业务和资源都集中在财务共享中心，原来需要多个人员完成的业务现在可以交由一个员工，财务部门人员与岗位的重复问题得到了解决。财务共享中心将不同地区的相同业务流程实现了规模化，有效降低了企业的成本。财务共享模式还可以使管理层在增加企业规模的同时实现对人员的微量增加或不增加。其主要作用如下：

（1）降低人力资源成本。财务共享服务中心将企业集团内部各分支机构的会计核算全部集中到一起，进行规模化、集中化处理，并将企业内部分散在各分支机构的若干个具有同样职能的部门进行整合，批量处理相同的业务，通过将各分、子公司重复建设的财务机构、重复设置的岗位、重复配置的人员进行整合，优化并消除了一批重复非增值作业。运用集中核算产生的规模效应，大大降低了运营成本和企业对基层财务人员数量的需求，提高了财务处理效率，并通过网络进行数据采集、传输和处理，实现了跨地域、跨部门的数据集成。此外，企业还可以将财务共享服务中心建立在人力资源成本较低的地方，以节省人工成本。

（2）财务管理成本大量削减。在财务共享模式下，一方面，企业的业务流程和管理模式已经向标准化模式转变，消除了区域或内部层次之间金融交换的冗余步骤，财务业务得以简单、有序、集约化处理，加强了财务信息服务，降低了企业财务管理成本。另一方面，通过财务共享中心的建设、资金集中管理、企业内部资金综合利用，在资金分散管理的条件下，可以避免部分单位资金过剩或者资金短缺的困境，还可以明确部门间收支状况，有利于预算和资金控制，大大提高了资金使用效率，降低了财务管理成本和资金控制风险。例如，财务共享中心可以实现按照有关程序统一分配所有员工的工资，并指定各单位的工资发放银行与集中账户保持同步，在提高工资发放效率的同时，大大降低了银行的财务费用。

（3）企业运营成本大幅度降低。财务共享模式凭借其独特的组织结构，打破了企业集团内部原有的分散式组织结构，把核心业务部门和非核心部门分开，使核心业务部门能够独立出来为内部客户提供专业服务；财务共享模式还可以建立统一、标准化的运营平台，

①张晓娜．基于企业财务共享服务中心运营与优化分析［J］．财会学习，2022（25）：51.

使组织结构呈现扁平化特征，管理层决策的实施和执行都更加有效。随着企业业务规模的不断扩大，规模经济效益将更加突出，单位固定成本也越来越低，业务运行效率得以提升，还重组和精简了人员和机构，从而使得运营成本大幅度降低。

2. 促进企业业务流程的规范化与标准化

以往的分散化财务核算过程中，财务人员与业务人员的流程独立化，导致信息传递和加工的过程无法实现同步化和及时性，会计信息的及时性和可靠性无法同时得到保障，会计人员局限于事后核算，对于事前预防和事中控制的掌控能力较差，且无法实现实时监控。因此，会计人员的管理职能和会计机构的增值功能无法有效体现。

相较于传统模式，财务共享模式通过制定、发布和实施一定的规则和标准，将企业已有的业务流程等进行重组和设计，规范为统一且可重复的规则，从而使得业务能够规范化运作，财务信息准确性得以加强。具体来说，在财务共享模式下，零散的财务工作与财务功能得到了整合，可以实现企业内部信息的快速交换和传输，将以前分散在不同分支机构和部门中的大量重复性操作，交由财务共享中心按照标准化的流程来运作，各核算单位的数据将按照统一的口径进行归集、处理，为后期财务数据的汇总、分析和共享提供便利，财务工作变得简化、标准、清晰，会计核算业务得到重新构造，财务的运行更加规范高效，也有助于企业提高工作效率和服务质量。同时，财务共享模式还能将企业的业务与财务流程相互联系起来，使企业的整体运行都更为顺畅。其具体表现如下：

（1）财务共享模式有助于规范财务流程的分解和整合。通过对所有流程进行细致的分类，再将其划分为许多子流程，在集成过程中，每个职位的操作规则是同步制定的，以确保业务流转到任何部门和任何人员都能够按照执行标准进行规范化操作并进行记录，实现信息的有效传递和保存。

（2）财务共享模式有助于规范企业财务信息披露。构建财务共享模式的前提是需要对企业的财务业务进行统一的标准化处理，即将财务制度、会计记录、会计口径、财务报表等业务领域进行统一化处理，以便为流程的梳理提供业务基础。这种财务信息一体化和集中化的过程，加速了企业财务信息披露的规范化。

在传统的分散式财务管理模式下，许多分支机构都有自己的财务部门，由于各分支机构对成本属性的判断不同，所使用的会计科目也不一样。经过财务共享中心的集中规模处理，任何业务流程的处理必须经过审批，不仅有效地控制了会计处理的规范性，而且可以确保在同一时期得到的会计报表具有一致性和可比性。

3. 有效提高企业工作效率

随着分支机构数量的增加、经营范围的扩大和工作场所的分散，我国企业集团很可能导致管理机构繁多，虽然集团内部实行统一的会计制度，但由于各子公司和分公司都有独立的会计核算机构，机构之间信息传递需要耗费许多人力和物力，降低了财务核算的处理效率，导致企业管理成本上升。

财务共享模式通过将各分支机构的财务部门和人员进行整合，最大化地利用规模优势进行财务业务的集中处理，有利于企业管理人员对经营管理的全面控制和统一监督。财务共享模式的事实表现在，一方面，企业内部各单位的业务流程和会计估计标准得到了统一，提高了会计信息的可比性；另一方面，各单位的财务数据和分析报告能够被信息使用者及时获取，这缩短了企业管理层从收集信息到财务决策的时间，提高了企业的管理决策效率，为企业战略发展提供了数据支持。财务共享模式下企业工作效率的提高主要依赖于以下方面因素：

（1）计算机技术和大数据的应用。财务共享模式的实施得到计算机技术和信息系统发展的支持，借助于先进的技术和管理手段，票据系统、费用报销系统和资金管理系统等都集中于财务共享中心，不仅减少了烦琐的工作步骤，对大量、高复杂度的业务流程进行重组，还使得原来复杂的工作更加简单、规范、详细，进一步提高了业务效率。

（2）工作岗位的专业化改造。在财务共享模式下，会计岗位根据业务内容进行划分，使得岗位职责更加专业化。专业化分工可以提高企业的经营管理水平，使专职人员对所从事的工作有更准确的认识，从而提高会计人员的专业技术水平，提高业务处理能力，减少沟通成本。财务共享模式的实施，把财务人员从繁杂的核算和账务处理中解放出来，提升了财务处理效率，为企业贡献了边际收益，使得企业的财务核算成本和管理成本大幅度降低。

（3）传统财务人员的转型。财务共享模式下，信息提供者和使用者均在一个部门、地区，企业只需对财务人员进行某一专业方向的培训，要比跨地区、跨部门沟通要方便许多。财务共享模式改变了原有的财务工作流程，能使财务人员脱离烦琐而复杂的会计处理工作，将时间放在财务预测、决策等价值含量更高的工作上，不但可以为企业节省大量人工成本，而且还能提升自身能力，实现个人的价值目标。

（4）业务标准化和流程标准化。共享模式的实施，使分支机构单独处理的业务集成为标准化、统一化的流程，实现业务的高度规范化。同时，财务业务的高标准化为流程再造和持续优化提供了基础。例如，宝钢集团财务共享中心成立之初，就开展了会计主体和会计流程的标准化工作。通过一系列的流程优化和制度创新，财务共享中心的服务效率提高了一半，平均业务处理时间大大缩短，使得宝钢集团节省了大量的财务成本。

4. 助于强化管理与控制

财务共享之前，大型企业分散在世界各国的子公司的财务组织呈现相对独立的特征。

这些公司的财务会计流程、处理规范、财务系统的不同，导致集团总部难以对子公司的经营状况进行总结和监督。

（1）企业人员的管理与控制。在财务共享模式下，企业利用统一的财务处理系统，制定统一的财务会计准则和业务流程，并集中处理同类别的财务信息，通过发达的公司间网络对各分支机构实现及时的监督和控制。例如，对于普通员工的费用报销来说，他们可以随时随地提交费用数据，实时查询计费过程，了解计费审核进度，缓解与财务部门信息不对称造成的矛盾；对于后期报销来说，实现了企业与费用收取机构的一对一集中核算，减少了工作流程，提高了处理效率和准确性。财务共享模式给业务人员带来了极大的便利，集中审批、财务数据自动生成、票据电子化管理等的实现，节省了他们到各部门、各单位跑腿的时间，而这些时间可以用来处理财务分析、财务预测等管理工作；对于管理层来说，多样化的业务审批方式弥补了传统审批的缺陷，还可以实现在其权限内的实时监控和查询，有利于综合管理绩效的提升。

（2）企业分支机构的管理与控制。实施财务共享模式后，通过标准化、统一的处理程序和评价指标，可以对各分支机构的财务数据进行实时分析、整合、处理和监控。财务共享模式使得业务流程更加透明，降低了财务舞弊的风险；财务共享模式也为企业并购和重组提供了便利，使企业能够及时地将相应的子公司业务纳入集团的业务范围，缩短业务的处理时间。

（3）企业业务流程的管理与控制。财务共享模式的建立，使得企业的业务运作模式和运作流程由分散式活动向资源整合和多元化经营转变，为企业并购活动和财务转型提供了优势，促进了企业财务管理水平的规范化。此外，财务共享中心的分散经营将有助于企业聚焦于核心业务，不断提高产品和服务的质量。

在统一的操作标准和程序、统一财务核算制度和集中核算模式下，同一会计主体企业的核算实现了同质化，可以规避更多的监管风险；线性操作模式实现了审核和业务处理的随机性，可以消除情感因素和关系因素所产生的违规行为，确保业务处理的客观公正，核算账户的统一还能够实现对所有资金信息的实时监控，使得舞弊和挪用等资金风险进一步降低。

5. 提高企业的核心竞争力

财务共享中心的建立，保证了企业不同时期的财务数据的可比性和及时性，为信息使用者提供了便利，而且还实现了企业集团财务处理原则的一致，包括会计估计、会计职业判断等，这可以提升企业对财务风险的预防和处理能力。与此同时，财务共享中心将大量的财务人员解放出来，使这些人员能够将精力投入到企业管理、财务分析等高价值的工作中，有利于企业核心业务的发展，为企业管理人员的决策提供了数据支持。财务共享模式促使企业实施扁平化的组织结构，减少了行政层级，构建了紧凑、干练的信息处理模式，这使得企业信息传递更有效率，企业的市场竞争力更强。

6. 多方创造企业价值

除了实现规模经济之外，财务共享中心也是价值创造的实体。财务共享中心依靠从客户和供应商的关系中获得一些信息，激发关于产品和服务的新思想和新观念，并且不断地激发与新技术、新工艺和新观念相结合的实践活动，积极改变管理观念和行为，提高产业集群的运行效率，从而促进企业的价值创造。共享服务还为企业集团提供组织灵活性，以增加新的业务单元，在发生企业并购和扩张时，可以直接使用共享服务中心提供的成熟的业务支持服务，使这些业务的处理过程更加顺利和迅速。

7. 促进企业的财务转型

当前信息技术不断渗透到财务会计领域，使得企业财务的转型成为当务之急。财务转型可以规范和提升集团整体财务会计水平，保证资金的安全与效率，建立和完善集团预算管理体系。构建集团财务共享中心，可以全面提高集团财务管理和决策支持水平，加强和保障集团及其成员企业的管理与控制，为企业培养将来发展所需要的战略管理会计人才。对于集团财务管理而言，现阶段面临的主要挑战是如何搭建一个集中式的管理平台，全面提高财务管理质量和效率，实现对成员企业的有效控制。

财务工作定位的变化必然带来财务人员要求的转变。企业财务共享模式初级阶段，财务只是很简单地把账算出来，钱快速付出去。但企业竞争越来越激烈，公司要求企业财务人员参与企业管理、全球的汇率管理等企业各个层面的管理，财务会计人员向管理会计发展，共享服务为财务人员转型提供了支撑。

综上所述，财务共享模式采用财务信息系统一体化的方式，对企业机构和人员进行重新划分和有机整合，对信息进行集中处理，实现了整个业务链的规范和标准化，促进了企业财务的实质性转变，为企业的财务转型奠定了坚实的基础。

（三）基于财务共享的管理会计信息化转型的作用

1. 提升效率与竞争力

在市场化普遍推行的前提下，企业经过前期资源、技术、管理水平的积累，企业规模逐步扩大后，管理模式与资源整合方式亟须进行改进，包括财务管理方式的转型。

在核算会计的基础上，管理会计信息化整合庞大的数据，通过财务共享的形式传递到财务人员手中，财务人员减少了重复繁杂的工作内容。从核算会计到管理会计转型，效率大幅度提升，进而可以来完成数据分析等创新性工作。财务共享在这里起到的作用，则是将一线收集上传的数据进行审核归集、账务核算、资金调配等系列操作，成为企业以财务资源为主的核心信息库。

基于财务共享的管理会计信息化转型，不仅能发挥互联网、云计算的最大优势，使管理会计口径高度一致，增强数据可比性，更能提升财务管理的效率，促进信息化进一步发展，为企业整体价值提升打下基础。

2. 降低财务管理成本

企业购入云计算等技术支持建立财务共享，支付的是供应商软件安装、维护、培训的费用。管理会计信息化积极转型，多项连接财务共享，相比于传统的核算与单家公司信息化构建，能降低企业构建费用。

（1）人员集中化管理。传统的财务管理单家公司单个项目至少配备一名会计，财务共享模式下使得多个项目、跨地区项目都实现了集中化管理，降低了管理成本。

（2）降低数据处理难度。分模块处理的方式能更清楚掌握到各项目间的相似性，缩短个人管控幅度，降低了数据处理难度，也方便整理出统一管理的规范供后续工作做参考。

（3）减少数据传输环节。信息整合后统筹处理，减少了中间传递的环节，管理者通过更少的人员环节，获取到有效的财务信息，对节省财务管理成本有所帮助，也控制了财务信息泄露的风险。

3. 加强财务管控力度

基于财务共享的管理会计信息化转型，建立标准化工作流程体系，使复杂事务简单化，建立标准化规章规范，划分得更加细化且有章序，使得财务精细化程度提高，获取速度更快，企业集团以及各子公司管理人员对财务信息更准确。

管理模式的转变，制度完善，通过信息的集中化管理，资源统一调度，使经营管理、财务决策根据信息制定方案、展开实施更加通畅，从而加强财务管控力度，扎实稳步推进管理会计工作。

搭建模块间桥梁，企业战略与目标紧密结合，通过信息化转型支撑财务运营、税务管理、资金统筹、内控管理等职能模块运行，按纵向专业化分工实现业务支撑和信息共享。高层战略决策需要依靠准确充分的信息环境，为此信息化转型后能提供高质量辅助作用，推进企业核心业务开展。

资金集中管理，管控资金归集与支付，主动地对资金进行管理，监控各区域公司的资金自平衡状态，根据当前资金情况做出预判。财务共享资金管理转型，从支付工具到资金管理工具，从内部管理减少企业融资需求，降低借款利率，实现良性循环。

（四）基于财务共享的管理会计信息化转型实施的建议

1. 优化管理会计组织结构

（1）扁平化管理。组织结构对于企业至关重要，直接决定了该企业经营管理成果。企业的扁平化管理模式，对于非必要权限进行积极下放，缩短一线决策周期，对于必要权限，例如资金管理，则通过标准化流程的方式，确保流程符合规范，一线公司不会出现越权支付的现象。在财务共享模式下，更倾向于扁平化的组织架构，集团相关权限可以部分下放至共享中心，以便于其高效地进行基础的财务处理。为保证企业在优化组织结构的同时其经营管理可以保持连贯性。在推行扁平化改革时，应注意并遵守以下原则：

第一，系统性原则。财务共享不是一个孤立的管理中心，需要与财务、投资、成本等其他部门相关联，以财务共享中心为出发点，系统性地构建新的组织架构，不仅仅将其作为支付中心，赋予其更多的数据分析、管理决策权限，实现系统的优化。

第二，稳定性原则。在优化企业结构时，管理层要有明确的组织架构系统及推行决心，企业的组织架构需要具有前瞻性，符合企业未来发展路径，外部市场环境变化迅速，企业需要结合自身战略目标，调整内部组织架构，使之与企业自身管理相匹配，尽量避免频繁调整，如果不断推翻之前决策，只会让企业管理陷入混乱之中，不利于企业的可持续前进。

第三，权责一体原则。扁平化的企业管理模式，需要企业合理审视自身管理模式，对于不合理的、重复性流程进行削减，重新分配权责，做到权责一体。对于优化后的组织架构，也需要及时审视及回顾，确保不会出现责任的灰色地带，出现无人担责的局面。也要保证不同人员的权利不要交叉，多头领导会给基层员工带来工作困扰及反复。

第四，适度性原则。在推行扁平化过程中，不能不计后果的减少纵向结构而一味地增加横向幅度，扁平化不意味着无需决策，要保证其整体合规性及内部管控合规性。

（2）模块化管理。面对庞大的组织机构、众多一线公司，财务共享在工作划分上，应该采用模块化管理模式。拆分出核算、资金、投资、融资等模块，每个模块有独立的对接人，负责承接工作，汇总一线数据等。建立模块化组织框架，形成一个个相对独立的模块架构，每个模块有各自的考核要求与管理办法。从外部看，各模块之间根据业务特征有所区分，从内部看，集团内的各模块具有同类型、同行业等同质性。

模块化管理将财务工作进行模块化区分，将同类工作归于同一模块内，形成一个对内紧密关联，对外独立的模块化组织，独立模块专精于自身业务能力。在进行业务实操的时候，可以通过模块化管理，将业务细分为若干模块，以任务的方式分配给各个模块，各模块内完成各自专业任务，模块间相互协调，以达到组织的整体目标。

（3）运营管理体系建设。为了让管理者能够更加高效地做出最优决策，必须有人进行信息汇总、筛选与分析。财务共享中心同步融入了成本、投资等其他部门职能，每个部门都存在交叉问题，让不同的部门能有明确而统一的目标，实现动态的平衡，就离不开运营管理体系的搭建。

运营管理体系建设首要便是目标的制定与分解，目标能够带来收敛聚焦的效果，企业在各阶段重心都不相同，将组织有限的人才、资金等资源用在合适的地方，才能发挥其最大化的作用。目标能够带给企业使命感，目标的确立和传达，让每个人感受到在组织中发挥的价值。目标的制定与分解，就需要财务共享能够基于资源最大化利用的原则，自上而下的制定目标，针对集团当前所处的外部环境与自身状况，确立企业战略方向，而后据此进行任务拆解，制定各个部门的目标。目标下达之后就需要根据达成情况反馈进度，财务共享作为数据的输入与输出中心，对各项数据汇总判断，跟踪反馈的结果要尽量可视化、标准化和易得化。

2. 加强财务共享数据信息化处理

（1）流程迭代及优化。流程迭代及优化的核心是在各一线公司个性化流程的基础之上，接入共享中心标准化流程，从而实现各一线公司的数据在汇总进入财务共享中心时，可以有一个标准化的模式，从而实现共享数据的高效处理。流程迭代及优化不是要求所有的流程都是标准化的、同一的，流程的标准化是指所有流程按照统一要求达到了内部控制的要求，流程是规范化的，在财务共享模式之前，各一线公司就存在一套各自的标准化业务处理流程，该流程是在集团标准化流程基础之上，结合一线公司实际内控需要及特定业务需求，进行调整和优化的，一味地标准化、一致化难以实现一线公司个性化业务需求。流程迭代及优化也不表示所有的流程可以完成自主化，基于财务共享中心信息收集、处理的必要性，接入财务共享中心的流程必须要是一致的，需各流程在共享环节进行优化。

流程迭代及优化大大缩短了费用报销的中间流程，共享机器人审批不仅高效而且准确，员工在财务共享系统上能看到整个报销过程所有的步骤，也可对停留时间较长的审批线上线下跟共享人员进行联系，报销进程透明公开。财务共享对报销的各环节进行跟踪，服务集团及各一线公司报销工作，同时集团和一线具有过程知情和审批权，做到权责分明，管理统一。

（2）建立财务共享会计档案管理。在大数据时代的今天，在财务发展的各个环节中做好电子会计案管理工作非常的重要。财务共享中心的出现，将账务处理集中于一处，会计凭证的存放也归于一处，一线公司需要对账务进行查看及核实时，就可以依托会计共享档案。在流程迭代及优化之后，财务共享能够准确抓取各一线公司会计数据，包括成本发票录入、工程款支付、费用支付等相关信息，一定程度上实现标准化账务处理，减少手工入账可能存在的错误率，同时将对应付款审批流程中所附的附件影像作为入账凭证依据，保存在电子会计档案中，方便后期查账时可以找到对应依据。

第二节 管理会计的未来和方向

一、管理会计的未来职能拓展

会计制度优化离不开会计职能的转型升级。当前，会计职能的拓展需要会计界保持开放的心态和创新的能量，合理规划管理会计的未来走向，虚心学习和借鉴其他学科的最新研究成果，主动将数字技术嵌入于管理会计发展的内涵之中，努力拓宽会计职能的边界。

（一）管理会计职能的对内拓展

会计职能“两个拓展”，即要求对内提升微观主体管理能力和对外服务宏观经济及其治理。从企业组织视角看，会计的对内职能是在核算与监督的基础上，参与经营决策与强化内部控制。对于管理会计来说，其对内职能就是在现代企业制度规范下，促进企业合理规划经营活动，提高企业管理的效率与效益。

1. 构建高质量的会计标准体系

结合中国国情，构建既符合国际化要求的高质量会计准则体系，又能够满足企业管理需要的管理会计指引体系，这是高质量会计标准的基本内涵。

（1）加强企业会计准则的前瞻性研究。围绕“会计规划纲要”精神，主动适应新经济、新业态、新模式的变化环境，积极谋划会计准则未来发展方向。比如，针对中国企业数字化转型中的特殊性会计问题和普遍性会计问题，制定具有中国特色且切实可行的会计处理标准等。即，构建企业会计准则实施的有效机制以积极回应并解决会计准则实施过程中的重点与难点问题，为配合企业（尤其是国有企业）的供给侧结构性改革，以及推进资本市场的健康发展提供高质量会计信息支持。同时，紧密跟踪国际财务报告准则项目的进展情况，并结合国内企业的实务发展现状，找准企业会计准则国际趋同和解决我国实际问题之间的平衡点与融合点。比如，围绕“双循环”新发展格局，加快建设高标准市场体系，持续优化市场化、法治化、国际化的营商环境，实施统一的市场准入负面清单管理制度。

（2）加强管理会计标准研究。相较于财务会计标准，管理会计标准起步较晚。如今，财务会计向管理型会计转型已成为一种客观必然，从技术手段上看，传统的财务会计核算正面临数字技术的挑战，许多过去认为比较有难度的核算业务或控制流程，在信息化环境下已变得简便易行。亦即，未来大部分的会计核算工作将被互联网等数字技术所替代。未来的会计从业人员将由原来的材料会计、工资会计等向预算会计、控制会计等转型。从组织活动的行为上看，原来强调粗放经营向集约、精细化经营方向转变，现在进一步由精细化向精益化方向转型升级。由此可见，以管理会计为主要内容的管理型会计在企业管理中的重要性已经成为组织观念中的“新常态”。

2. 提升会计服务的市场化功能

通常认为，会计的市场化功能是预测经济前景、参与经济决策、评价经营业绩等。对经济前景的预测，主要涉及根据财务会计报告等信息，在定量或定性的判断和分析下寻求企业经营活动的发展规律，并由此指导和调节经济活动提高经济效益等主要内容。此外，还需要结合管理会计功能，判断企业提升会计服务的应用环境，综合分析企业经营的各种影响因素，进而帮助企业做出科学决策。比如，面对企业经营（尤其是民营企业）发展中遭遇的各种壁垒，需要结合宏观层面的法律法规和政策制度来完善并促进中小微企业和个体工商户的发展。通过管理会计制度优势，建立企业减负长效机制等。

会计服务的市场化功能使企业在微观层面上实行核算与监督的一体化，有助于建立公平、充分竞争的价值衡量标准。比如，反对三种垄断对会计服务市场的影响。即：一是纵向权利形成垄断，影响会计服务的效率；二是横向权利形成垄断，影响会计服务的效益；三是企业的市场垄断，影响企业核心竞争力培植。在企业的市场化垄断中，第一种纵向权利垄断破除比较难，需要会计职能的长期性有效配置；第二种横向权利形成的垄断市场化属性强，需要会计的战术性配置；第三种市场垄断，需要通过政府监管防止资本的无序扩张。

对于参与企业经营决策来说，以往的情境是：根据财务会计报告等信息，运用定量分析和定性分析方法，对备选方案进行经济可行性分析，为企业生产经营管理提供与决策相关的信息支持。从管理会计的功能拓展来考察经营决策，必须跳出微观层面的狭窄视角，要结合产业集群等区域经济发展，寻求综合施策的指导思想。即，通过会计职能在产业集群中的延展，合理规划区域经济发展的功能体系，使管理会计能够在国家宏观降成本战略的指引下，寻找深入企业层面的中间环节。

例如，当前比较热门的研究对象是“长三角经济协同发展”，这里占据了三大先行示范区的两项内容，即浦东的现代化建设引领区和浙江的共同富裕示范区。传统的区域产业发展一般以上海作为生产性服务业的中心，目的是区域交易成本的最小化，江浙皖专区则重点放在制造成本的降低。从管理会计视角思考，如何使“长三角”区域的会计职能进一步拓展，思路是构建区域“交易成本+制造成本”相互整合的会计制度创新示范区建设。通过有效的长三角区域的会计制度安排，可以维护该区域的世界竞争力优势，加快虹吸全球要素资源的汇聚力量。亦即，会计职能规范的重点是“生产性服务业+制造业服务业”的区域协同，强化跨地区产业链建设。一方面，实施产业集群内部的会计治理；另一方面，采用链长制进行会计职能的功能规划，发挥区域协调与共生的生态效果。

三种促进区域全球化发展的产业链建设方案包括：①构建产业链，建设世界级的产业链集群；②形成跨区域的企业集团，鼓励企业集团化跨地区经营，在微观上实现一体化；③促进市场竞争。放开区域内的兼并限制，通过兼并实现高度一体化效应，即实现大规模的市场一体化。这一方案对于提升会计服务的市场化功能具有重要的理论价值及其制度建设意义。

对于企业绩效管理来看，通常认为评价经营业绩就是利用财务会计报告等信息，采用适当的方法，对企业一定经营期间的资产运营、经济效益等经营成果，对照相应的评价标准，进行定量及定性对比分析，作出真实、客观、公正的综合评判。现阶段，拓展会计职能的边界，从对内与对外两个视角促进管理会计的功能体系，给会计学科发展提供了新的机遇。从服务于国内经济着眼，产业集群区域范围的市场充分竞争需要在转移定价、原产地规则等经贸规则上增进管理会计活动的内容；从服务于国外经济思考，产业集群作为区域组织间合作的典范，需要借助于组织间成本管理、组织间战略管理会计等手段加强“一带一路”建设，结合 RCEP① 等国际经贸规则服务于产业集群区域企业的对外投资与经营，促进会计服务的高质量发展。

（二）管理会计职能的对外拓展

面对“百年未有之大变局”，国际经济竞争已从较低层次的产品营销型竞争发展到较高层次的全球性战略竞争，会计职能上的得失将关乎企业的兴衰成败，管理会计中的权变性思维受到重视。

1. 参与会计国际治理

面对会计职能的拓展升级，一方面，以数字化信息化技术为依托，以推动会计审计工作数字化转型为抓手，健全完善各种会计审计数据标准和安全使用规范，形成对内提升单

---

①RCEP 指的是《区域全面经济伙伴关系协定》，2012 年由东盟发起，历时八年，由包括中国、日本、韩国、澳大利亚、新西兰和东盟十国共 15 方成员制定的协定，是亚太地区规模最大、最重要的自由贸易协定谈判，达成后将覆盖世界近一半人口和近三分之一贸易量，成为世界上涵盖人口最多、成员构成最多元、发展最具活力的自由贸易区。

位管理水平和风险管控能力、对外服务财政管理和宏观经济治理的会计职能双向拓展新格局；另一方面，随着国际形势的深刻变化，外部环境的不确定性与复杂性不断提升，势必影响现行的国际会计秩序。尤其是国际经贸往来和跨境资本流动，进而对跨境会计、审计合作及监管等提出新要求。对此，企业应参与全球会计治理。这是因为，随着全球经贸规则的大变局，企业自觉不自觉地面临新的商业模式变革，如果应对不及时，可能给企业的收益、成本管理等带来深刻的影响。

从规则层面看，国际经贸规则的变化会直接或间接地影响会计标准，进而改变既定的会计准则发展走向。同时，由于企业组织的扩大不仅表现为单一经营领域的规模扩大，往往通过跨领域、跨国界的投资促使企业跨国经营的多元化。在这种情况下，企业组织日趋庞大和复杂，会计治理必须兼顾涉及的众多领域及不同的层次。从治理的范围看，这种会计治理已经不再是企业内部的所有权和经营权的控制问题，而是涉及“走出去”的国家和地区的经济状况和政策制度环境，迫使企业组织实施分权化战略。这时相应的风险就会增加，比如分权管理带来的会计职能失调而使经营主体的目标不一致。即拥有决策权的管理者可能从自身利益最大化出发选择决策方案，损害企业整体和长远利益。它表明，参与会计国际治理是一种高瞻远瞩的企业制度安排。它对于合理确定组织内部的会计治理权责范围、合理计量和评价管理者业绩，以及有效确定内部转移价格，并且合理计量分部业绩等等一系列问题的解决提供了有效的会计制度配置。

从管理会计发展趋势来看，配合管理会计参与国际治理，学术界的研究已经有了一定的前期积累，主要集中在三个方面：①关于代理人理论研究及其在内部控制和考评系统中的应用；②应用行为科学进行的关于组织行为、管理决策与管理会计信息之间的关系及个人行为等方面的研究；③关于作业成本会计方面的实地研究；④关于包括战略成本分析、目标成本法、生命周期成本法、平衡计分卡、资源消耗会计等内容的战略管理会计研究。

从构建国际会计标准的会计治理层面考察，加强国际会计技术的前瞻性研究，广泛动员全球化力量，借助于国际会计准则理事会（IASB）的主导作用，已经形成“目标统领、工作统筹、力量统合、口径统一”的整体工作格局。从会计治理视角进行全面系统的梳理，会计的国际治理涉及不同国家或地区参与层级的安排，实施的步骤与策略，以及参与力度的高低等。

从我国会计国际治理的现状看，我国已经全面参与国际财务报告准则基金会监督委员会、受托人、国际会计准则理事会、咨询委员会等治理层、核心技术层和战略层的各项事务，未来的重点是巩固和利用现有中方席位，把握方向，高位协调，及时就会计国际治理体系改革和涉及我国核心利益等的重大问题加强协调沟通，提高我国会计治理的影响力和参与国际会计标准制定的能力和信心。目前的路径选择是，通过国际会计准则理事会解释委员会、会计准则咨询论坛、新兴经济体工作组及相关咨询工作组、全球主要会计学术组织等，多层次多渠道深度参与国际财务报告准则制定，牢牢掌握中方代表在其中的重要席位，积极发声，深度影响，在重大会计技术议题上阐明中方观点，影响国际准则项目的制定。当前的行为选择是，积极参与国际会计标准制定、深化多双边会计交流合作、推进会计服务市场双向开放、研究资本市场开放相关会计政策等，全面参与会计国际标准的制定和重要会计国际机构治理，通过会计制度优化促进我国会计职能的持续有效拓展。

2. 推动注册会计师行业的国际化发展

中国经济的发展离不开注册会计师们的辛勤工作。我国注册会计师的执业水平要与国内经济发展和国际资本流动的走向相统一，会计审计标准体系应结合国际化发展趋势进行更加科学、平稳的改进与创新，并使我国参与制定国际会计审计标准的话语权和影响力得到有效提升。从经济发展情况看，随着 2009 年中国成为世界第一大货物贸易出口国，2013 年又成为第一货物贸易进出口国，中国会计服务的市场规模也因此不断扩大。近年来，以自贸区建设和“一带一路”倡议为载体，中国注册会计师在全球化中的服务能力正在加速提升。全面参与会计国际标准的制定和重要会计国际机构治理，注册会计师行业对于增强我国在会计国际规则制定中的话语权，加强国际会计合作具有重要且积极的作用，并有助于我国会计全球化影响力的显著提升。

注册会计师参与国际化发展的方式主要有三种：①加入国际化会计机构的成员之中，比如拥有一定的股份等。中国注册会计师在加入其他国家的大型会计师事务所后，应积极维护本所的声誉，参与国际业务培训，学习先进企业的运营理念、先进技术和管理方法，提高会计执业人员的国际化素养，最终为全球价值链向高端攀升做好准备。②跟随中国的全球化企业“走出去”，通过提升自身产品或服务质量，以对方国名义进入当地国家的会计服务市场之中。会计服务要适应世界经济一体化的发展趋势，权变性地调整会计职能的市场化视角，开始从单纯的价值管理服务及低层次的竞争发展到较高层次的价值创造和全球性的战略性竞争。③在境外设立公司，即自建国际性会计服务公司。要重视会计技术方法的创新，加快会计制度建设，不断从平衡的管理向非平衡的管理转变，探寻企业持续成功的发展路径。要鼓励企业主动拥抱互联网经济，通过数字技术创新推动会计师事务所转型升级。为了取得持续成功，会计服务必须重新定位并调整功能结构。即采取国际化的新战略和新结构，以适应不断变化的环境要求。

国际性会计服务公司应具有三个主要特征：①具有国际化的经营理念和全球化视野；②用世界一流的会计规则或标准在全球范围内经营，权变性地采取市场营销战略；③能够在世界范围内寻找市场机会、感知竞争对手、配置人力资源。会计服务公司在与东道国合作时，对于协议约定的互利共赢合作模式，应提前找出自身经营领域和资源的比较优势，积极利用东道国的平台优势，平等沟通并建立合理的运营管理体制。在确保国家经济信息安全的前提下，积极与国际其他伙伴展开互利共赢的会计合作。支持中国会计师事务所发展国际网络，为中国跨国经营企业提供税务咨询、价值管理、风险控制、战略规划等高端服务，使其成为承接中国企业境外业务的骨干力量。支持中国注册会计师参与国际会计网络的高层决策机构，构建国际合作交流平台。在与国际成员进行业务沟通中，各方应当求同存异、平等对待、采取切实有效的措施克服各种阻力和困难，积极推进中国会计文化与世界的对接，加快全球性资源的整合。只有合作才是平等、坦诚、互惠的，才能建立稳固的合作关系，实现合作双赢。

二、管理会计的未来发展方向：全球化与本土化

（一）全球化与本土化的研究意义

管理会计全球化似乎是一个伪命题，因为管理会计着重于为内部管理当局提供信息。事实上，基于人类命运共同体理念的会计情境特征，无论是财务会计，还是管理会计都存在全球化或国际化的问题。当然，管理会计本土化的目的也不仅仅只是为了在国内企业使用，也需要在国际范围内推广应用，进而为全球管理会计知识体系贡献力量。从这个意义上讲，管理会计全球化与本土化又是统一的。

客观地说，管理会计的全球化不只是以国际接轨为标准，而是与未来全球经济的发展以及企业管理的需求相结合为准绳。管理会计本土化，其本质就是在开展学术研究中充分考虑本国的情境特征，从而拓展已有的理论甚至建立新的管理会计理论。如何将国际先进的管理会计与中国管理会计实践相结合，并由此形成理论与方法的创新，是理论界需要关注的重点课题。

从实践上看，开展管理会计全球化与本土化的多视角研究，可以增强管理会计方法和工具的有效性与决策有用性。通过中外管理会计的比较研究，有助于推动管理会计“应用指引系列”等工具方法的落地与升华，促进管理会计实践活动中的方法与工具创新。从理论上讲，全球化与本土化是统一的，通过管理会计功能体系的有机配置，可以为管理会计全球化提供一种比较的选择平台。同时，对于增进国际间的管理会计交流与沟通，提高我国在全球管理会计知识界的话语权，扩大我国管理会计的国际影响力等具有重要的理论价值。

（二）管理会计的本土化与全球化发展要点

管理会计是一个在不同国家和文化背景下都具有重要影响的领域，其本土化与全球化

发展策略的平衡对于组织的成功至关重要。

1. 管理会计的本土化发展

本土化在管理会计中扮演着至关重要的角色，它将管理会计的理念、方法和实践与特定国家或地区的文化、法律、制度等因素相结合，以适应当地环境的策略。

（1）文化融合是本土化的核心要素之一。在不同国家和地区，文化因素对管理会计的实践产生了深远影响。在本土化过程中，管理会计需要充分考虑当地文化的因素，如价值观、传统和语言。这可以体现在将会计术语翻译成当地语言，以便更好地适应当地员工和管理层的理解。例如，在某些地方，直接采用外来的会计术语可能导致误解，因此将其翻译为本地语言可以增强沟通和理解，有助于更好地融入当地文化。

（2）法律与制度遵从是本土化过程中不可或缺的因素。各国的法律和制度存在巨大的差异，这对会计规则和税务政策产生了直接影响。在本土化的发展策略中，必须确保会计实践符合当地法律法规，以避免潜在的法律风险。这可能需要进行深入的法律研究，以确保会计方法与当地法律要求相一致。例如，不同国家对会计报告和税务申报的规定存在差异，管理会计在本土化时需要确保遵循当地法规，以保障企业合法合规经营。

（3）本土化还需考虑到当地的管理风格和决策模式。不同地区的文化和传统对管理决策产生了影响，因此本土化的管理会计方法需要与当地的管理风格相匹配。在某些文化背景下，集体决策可能更受重视，而在其他地方，高效率的单一决策可能更为合适。因此，管理会计方法需要根据当地情况进行调整，以更好地支持和促进当地的管理决策。

（4）本地人才培养是实现本土化的重要一环。发展本土化策略需要培养适应当地环境的管理会计人才，使他们能够更好地理解并应用管理会计方法。这可能涉及培训、教育以及知识传承等方面，以确保当地员工具备适应本土化管理会计需求的能力。通过培养本地人才，企业可以更好地融入当地市场，实现更有效的管理会计实践。

2. 管理会计的全球化发展

管理会计的全球化发展是指将管理会计的理念、方法和实践应用于跨国企业，以实现更大的协同效应和竞争优势的过程，这一发展趋势在全球化经济环境下具有重要意义。

（1）标准化会计体系。在全球化的背景下，跨国企业可以采用统一的会计体系，使财务数据在不同国家之间保持一致性和可比性。这样一来，企业的管理层可以更准确地了解公司在各国的财务状况，从而做出更明智的跨国决策。标准化的会计体系还有助于提高财务报告的透明度，增强投资者和利益相关者的信任。

（2）跨国绩效衡量。全球化发展策略需要设计适用于不同国家的绩效指标和评估方法。不同国家的商业环境、文化和法规各异，因此在衡量绩效时需要考虑这些差异。通过针对不同地区制定定制化的绩效指标，跨国企业可以更准确地评估各国子公司的表现，从而有针对性地优化业务运营。

（3）跨国培训和知识共享。在全球化的背景下，企业可以设立跨国培训计划，将管理会计的最佳实践在不同国家之间共享。这有助于提高员工的管理会计意识和技能水平，促进知识的跨国传递。通过跨国培训和知识共享，企业可以更好地利用集体智慧，推动整体绩效的提升。

（4）跨国税务规划。全球化的企业需要制定跨国税务策略，以最大限度地降低税务风险和成本，并同时遵守各国的税务法规。跨国企业在不同国家开展业务时，会面临复杂的税务挑战，包括跨国转移定价、税收合规性等问题。通过制定综合性的跨国税务规划，企业可以优化税务结构，提高资金利用效率，实现全球税务优化。

综上所述，管理会计的本土化与全球化发展策略都具有重要意义。在实际操作中，企业需要根据其自身情况，灵活运用这些策略，以实现在不同国家和文化环境下的有效管理和业务发展。

参考文献

[1] 才华. 基于管理会计视角的企业人工成本管理研究［J］. 中国集体经济，2020（8）：29-31.

[2] 蔡冰冰. 关于强化预算管理的思考［J］. 行政事业资产与财务，2023（12）：28-30.

[3] 蔡昌伦. 中小企业供应链管理现状与改进对策研究［J］. 全国流通经济，2023（05）：61-64.

[4] 蔡蔷. 人工智能与企业战略管理研究［J］. 生产力研究，2021（8）：91-94.

[5] 蔡瑞先. 企业资本经营问题思考［J］. 财经界，2020（14）：83.

[6] 车海辚，顾海. 中外管理会计发展的历史解析［J］. 财会学习，2021（05）：88-89.

[7] 陈美华. 论管理会计的基本假设［J］. 会计之友，2022（21）：2-7.

[8] 丁榕. 基于内控建设视角的企业会计行为规范措施探讨［J］. 企业改革与管理，2021（02）：151-152.

[9] 杜晓玲. 智能化时代财务会计向管理会计转型的策略探讨［J］. 现代营销（上旬刊），2023（03）：4-6.

[10] 高响. 对会计行为规范的探讨［J］. 知识经济，2014（24）：105.

[11] 高艺. 智能化时代财务会计向管理会计转型的关键点［J］. 财经界，2023（18）：102-104.

[12] 葛玉娇. 全面质量管理理论在审计整改工作中的应用［J］. 商业会计，2023（7）：81.

[13] 郭红伟，陶毅. 市场营销决策支持系统及其实现技术［J］. 工业技术经济，2003，22（3）：78-80.

[14] 郝建秀. 如何优化企业成本管理［J］. 品牌研究，2023（13）：177-180.

[15] 何坤山. 市场定位思考［J］. 现代经济信息，2014（17）：109.

[16] 胡晓. 企业经营决策支持系统研究 [D]. 广州：广东工业大学，2005：38-66.

[17] 胡馨友. 建设会计行为规范体系，打造会计诚信机制 [J]. 中国管理信息化，2015，18 (18)：31-32.

[18] 黎毅，杨钰，叶舒平. 基于全面预算管理的企业管理费用控制研究 [J]. 财会通讯，2023 (12)：113-121.

[19] 李光明. 论企业经营决策 [J]. 铁道运输与经济，2007，29 (4)：59-61.

[20] 李娟. 中小企业绩效考核指标体系构建研究 [J]. 辽宁经济职业技术学院. 辽宁经济管理干部学院学报，2022 (04)：15-17.

[21] 李来儿，吴军. 论市场信息与经营决策科学化 [J]. 山西财经大学学报，2001，23 (2)：38-40.

[22] 李莉. 知识经济时代企业的经营决策探讨 [J]. 中国商贸，2014 (4)：105-105，106.

[23] 林晓金. 企业智能化管理会计信息系统的功能与模块架构设计研究 [J]. 企业改革与管理，2023 (07)：89-91.

[24] 刘玉明. 管理会计发展的历史演进 [J]. 中国集体经济，2020 (01)：149-150.

[25] 邵佳琦. 大数据在项目成本管理中的应用研究 [J]. 现代商业，2019 (30)：119-121.

[26] 王宝永. 关键绩效指标在企业绩效管理中的应用 [J]. 老字号品牌营销，2022 (15)：146-148.

[27] 王荣. 智能化时代下财务会计向管理会计融合渗透的策略 [J]. 商业观察，2023，9 (16)：101-104.

[28] 徐印州，李丹琪，龚思颖. 人工智能与企业管理创新相结合初探 [J]. 商业经济研究，2020 (10)：113-116.

[29] 薛冰. 让关键绩效指标发挥关键作用 [J]. 人力资源，2022 (14)：103-105.

[30] 闫宝琴，张庆龙. 全面预算管理的正确释义 [J]. 商业会计，2022 (19)：18-21.

[31] 杨立. 管理会计 [M]. 北京：机械工业出版社，2020：283.

[32] 杨萍. 论战略成本管理 [J]. 经济问题探索，2007 (5)：115-119.

[33] 杨雄胜. 管理会计体系之理论基础问题探讨 [J]. 财务与会计，2015 (06)：13-14.

[34] 杨有红. 预算管理方法运用 [J]. 商业会计，2017 (6)：11-12.

[35] 姚瑶. 企业预算管理问题分析 [J]. 行政事业资产与财务，2023 (7)：76-78.

[36] 仪秀琴，徐子涵. 平衡计分卡在企业中的绩效研究 [J]. 商场现代化，2023 (06)：98-100.

[37] 张绘. 预算管理一体化改革实践、挑战与优化路径 [J]. 财会月刊，2023，44 (4)：115-122.

[38] 张晓娜. 基于企业财务共享服务中心运营与优化分析 [J]. 财会学习，2022 (25)：51.

[39] 张印红. 平衡计分卡在企业财务绩效管理中的应用 [J]. 中国产经，2023 (10)：116-118.

[40] 赵鑫. 探析企业中的全面预算管理 [J]. 山东纺织经济，2023，40 (4)：26-30.